# FAMILIA

OU

# Mlle FRANÇOISE ET Mlle GERMAINE

SIMPLE RÉCIT

A L'OCCASION D'UN PRIX MONTHYON EN 1868

PAR

ADOLPHE PHILALÈTHE

---

1868

Fontainebleau. Imp. E. Bourges.

*A Messieurs les Membres de l'Académie française.*

MESSIEURS,

Une pétition sollicite en ce moment de votre bienveillante équité un des prix Monthyon en faveur de la demoiselle GERMAINE PRIEUR, pauvre fille de campagne restée depuis près de quarante-huit ans au service d'un humble curé de village, sans avoir jamais voulu recevoir de gages.

A cette occasion, l'idée nous est venue d'éclairer quelque peu, par un récit simple autant que fidèle, le jugement que vous aurez à porter sur un dévouement si digne d'intérêt.

Le fond de cet essai biographique est de la plus scrupuleuse exactitude; mais nous avons cru pouvoir nous permettre quelque fantaisie dans sa forme, à l'exemple du bon Lafontaine, qui prenait le plus long pour se rendre à l'Académie. Nous espérons néanmoins ne pas vous trouver trop sévères à cet égard, si vous daignez vous rappeler le Simonide de votre illustre devancier :

> Simonide avait entrepris
> L'éloge d'un athlète; et, la chose essayée,
> Il trouva son sujet plein de récits tout nus.
> . . . . . . . . . . . . . . . . . . . .
> Le poëte d'abord parla de son héros.
> Après en avoir dit ce qu'il en pouvait dire,
> Il se jette à côté, se met sur le propos
> De Castor et Pollux, etc.

Dans ce cas, nous n'aurons plus qu'à souhaiter d'être resté, avec votre permission, véridique jusqu'au bout, en ayant pris *la liberté grande* de devancer votre décision.

# FAMILIA

---

## AVANT-PROPOS

Puisque au *jour d'aujourd'hui* — style de circonstance — on n'ose plus, comme au temps de ce brave Despréaux, appeler un chat un chat, et Rollet un fripon, puisque les mots *serviteur*, *domestique*, *valet*, *cuisinier*, *cocher*, *femme de chambre*, *portier* sont décidément mis à l'index, pour être rayés de la nouvelle édition que l'Académie française se prépare depuis trente ans à donner de son dictionnaire, quel substantif employer pour dénommer les personnages que désignaient ces expressions, désormais surannées et bientôt fossiles ? Les appeler messieurs et mesdames de l'antichambre, de la porte, de la cuisine ou de l'écurie, comme autrefois on disait « Messieurs du

Parlement, » ne serait-ce pas créer un néologisme par trop avancé ?

Dans notre embarras lexicologique, force nous a été de demander à une langue morte un vêtement à l'usage d'une idée vivante. De là l'origine du titre que nous donnons à cette étude de mœurs.

Du reste, nous ne l'avons emprunté que sur la garantie d'un précédent. Un éditeur en renom a cru pouvoir baptiser du nom de *Patria* un livre sur la France tout rempli de documents précieux, sans que personne ait songé à critiquer ce vocable entaché de latinisme. Pourquoi n'accepterait-on pas de bonne grâce *familia*, qui, chez les Romains, désignait les domestiques, et qui, dans la première formation de la langue française, s'est changé en *famille*, doux mot, s'il en fut jamais, dernière épave sociale au milieu de tant de naufrages, expression patriarcale, confondant à la fois dans le langage maîtres et serviteurs.

A. P.

# FAMILIA

## PREMIÈRE PARTIE

## MADEMOISELLE FRANÇOISE

OU

## LA CUISINIÈRE BOURGEOISE

> Rien qu'un bout de causerie;
> histoire seulement de rire
> un peu.

FRANÇOISE, *assise près de sa table de cuisine, et écrivant sur un livre de dépense.*

A présent les hors-d'œuvre et les dépenses diverses : « légumes pour pot-au-feu, » mettons seulement huit sous. — Il faut être consciencieux. — « Une botte de radis, » quatre sous, non cinq sous. — Tout est si cher maintenant. — « Une livre de beurre, » cinquante-sept sous, — ça n'a pas l'air d'un nombre rond. — « Un quart d'olives, » — oh ! les olives sont hors de prix depuis la clôture de l'Exposition. — Quinze sous. — J'allais oublier les sardines. Deux francs. — C'est ce que je mets d'habitude sur mon livre de dépense. — Enfin « sel, poivre, moutarde, » douze sous. — Il y a longtemps que je n'en ai compté à Madame, — Voyons maintenant l'addition. (*Elle compte bas.*) En tout trente-cinq francs. — J'avais vingt francs dans ma bourse. C'est donc quinze francs pour mon livret de la caisse d'épargne. — Dieu de Dieu ! Qu'on a de peine à gagner sa vie ! — Et dire que mon maître n'a qu'à aller flâner à la Bourse pour vivre comme un chanoine. Dame, aussi, quand on est quart d'agent de change. — J'ai pourtant eu un instant l'idée de spéculer comme les autres. — Mais il y a trop de chances à courir. — Et puis que de fripons ! ça fait frémir ! — Ma foi, tout calcul fait, mieux vaut être honnête, et attendre un peu plus longtemps son fonds de fruiterie, avec crêmerie dans l'arrière-boutique. (*Elle pousse un profond soupir.*)

(*On frappe à la porte.*)

Entrez ! (*Entre une femme jeune, à la mine éveillée, coiffée d'un joli chapeau, et vêtue avec élégance.*) Ah ! c'est vous Zoé. — Entendant marcher au-dessus de ma tête, je croyais vos maîtres revenus de la campagne.

ZOÉ.

Non ; c'était moi qui essayais ma toilette devant l'armoire à glace de Madame. J'étais indécise sur le chapeau que je devais choisir. — Comment trouvez-vous celui-ci ?

FRANÇOISE.

Il vous va à ravir, comme s'il avait été fait pour vous.

ZOÉ.

Je le trouve pourtant un peu petit, parce que je porte plus de cheveux que Madame. — Ce pardessus me va mieux ; elle et moi nous avons la même taille.

FRANÇOISE.

Et où allez-vous aujourd'hui, belle comme cela?

ZOÉ.

Je balance encore entre Mabille, Valentino et la Closerie des Lilas, uniques endroits où une femme seule puisse décemment se présenter.

FRANÇOISE, *d'un ton doctoral.*

Mais, ma jeune amie, à quoi tout cela vous conduira-t-il ? Prenez-y garde ; pierre qui roule, n'amasse pas de mousse.

ZOÉ, *d'un air dégagé.*

Ma foi ! si j'ai quitté mes parents et ma campagne, où je pouvais vivre en *m'esquintant*, ce n'était pas pour me rendre esclave. J'ai voulu avoir ma liberté, pour en jouir à ma guise ; voilà pourquoi je me suis mise femme de chambre !

FRANÇOISE.

Mais plus tard...

ZOÉ.

Bast! ça m'est bien égal; « courte et bonne »

C'est le refrain
Du Pèlerin.

Pour être heureuse, il me faut des théâtres, des bals publics, des cafés-concerts, des étudiants, des commis-marchands, des artistes, le tremblement enfin, et même des clercs de notaire, quoiqu'ils fassent trop tôt l'apprentissage de la cravate blanche.

FRANÇOISE.

Mais le moyen de pouvoir se livrer librement à cette vie joyeuse, c'est de savoir se faire de bonnes petites rentes.

ZOÉ.

Des rentes à moi! (*Étendant l'une après l'autre ses deux mains ouvertes au bout de son nez.*) bernique! — Ma seule ambition est de me trouver dans mes meubles. — Oui, un joli petit mobilier à moi, bien à moi, sans m'avoir rien coûté (*Se reprenant.*) je veux dire, sans m'avoir coûté trop cher, voilà mon bâton de maréchal.

Françoise, *avec un sourire significatif.*

Eh bien, ce que vous allez chercher si loin, est-ce que vous ne l'auriez pas ici même, sous la main?

Zoé, *d'un air d'intelligence..*

Vous voulez parler de M. Arthur, le fils de la maison. (*Balançant la tête de droite à gauche.*) Non, non, non; il n'y a pas moyen. — C'est gauche, c'est timide, ça tremble devant maman.

Françoise.

Enfin, à votre aise. — C'est votre affaire, après tout. — Mais dites-moi, avez-vous pris quelque chose avant de partir. L'amour du plaisir ne doit pas nous faire oublier le solide.

Zoé.

Tiens, je n'y avais pas pensé. — Mais, c'est égal, je trouverai bien le moyen de ne pas rester à jeun.

Françoise.

Croyez-moi, le plus sûr est encore de manger ici un morceau. — Tenez, mettez-vous là, devant cette table, et cassez-moi une croûte.

Zoé.

Je vous remercie.

FRANÇOISE.

Ah ! c'est de bon cœur, allez.

ZOÉ.

Mais si votre maîtresse me voyait ! — On est quelquefois si ridicule dans nos *baraques*.

FRANÇOISE.

Bah ! Madame se croirait déshonorée, si elle mettait le pied à la cuisine. Pourtant je n'ai jamais essayé de tacher de graisse ses robes, pour la dégoûter d'y venir. — Pour Monsieur, c'est différent : il aime la bonne chère, et ne dédaigne pas d'en surveiller les apprêts. Mais heureusement il est sorti. — Ainsi donc asseyez-vous sans crainte.

*(Zoé prend une chaise.)*

FRANÇOISE, *découvrant le pot-au-feu, et y puisant un bol de bouillon, qu'elle apporte sur la table.*

Voici ce qu'on peut appeler un consommé. (*Versant de l'eau dans la marmite.*) Eux, ils auront du bouillon, c'est ce qu'ils aiment.

ZOÉ, *avalant le consommé.*

Délicieux ! Savez-vous que vous êtes un fameux cordon-bleu.

FRANÇOISE.

Flatteuse ! (*Elle lui verse à boire ; puis découvrant une casserole, dont elle tire une aile de volaille.*) — Maintenant, un peu de cette fricassée de poulet.

ZOÉ.

Mais c'est une aile !

FRANÇOISE.

Allons donc, que vous êtes enfant ! — Si vous ne preniez pas ce morceau, ce serait Madame qui le mangerait. Mieux vaut qu'il ne soit pas perdu.

ZOÉ.

Alors, c'est différent. (*Elle déchire à pleines dents l'aile de poulet.*)

FRANÇOISE.

Je vous disais donc qu'il faut de l'économie, et que rien n'est funeste comme le gaspillage. — Mais vous ne mangez plus.

ZOÉ.

J'étouffe, je n'en puis plus.

FRANÇOISE

Alors buvez.

ZOÉ.

Voici mon troisième verre de vin. — Je dois me ménager pour ce soir.

*(A travers la porte entr'ouverte de la cuisine, qui donne sur l'escalier, on voit avancer la tête d'un jeune gars, dont le visage respire la franchise et la santé.)*

FRANÇOISE, *se retournant.*

Tiens, c'est Vincent, le frotteur de M. le concierge. — Entrez Vincent; vous n'êtes pas de trop.

VINCENT, *avec embarras.*

Pardon, excuse, Mam'selle. — C'est que j'en sommes à votre palier, pour frotter; et j'craindrions que queuquefois la poussière n'endommagît vos casteroles, qui sont luisantes comme des soleils.

FRANÇOISE.

Oh! il n'y a pas de danger. (*Le regardant.*) Comme vous voilà tout en sueur! — Il y a pourtant des gens qui se plaisent à tuer ainsi le pauvre monde! Ce gueux de propriétaire! S'il n'y a pas conscience d'obliger ainsi M. notre concierge à donner tant de peine à ce pauvre garçon. Au bout du compte, s'il veut, le vieux ladre, que son escalier soit frotté, eh bien, qu'il le frotte lui-même; il est assez riche pour cela. (*Elle tend à Vincent un verre, qu'elle remplit de vin.*) Tenez, mon ami, avalez-moi cela.

VINCENT.

Ben obligé, Mam'selle.

FRANÇOISE, *à voix basse pendant qu'il boit.*

N'est-ce pas, Zoé, qu'il n'est pas mal?

ZOÉ, *de même.*

A qui le dites-vous?

VINCENT, *après avoir bu.*

Brr! brr! — ça y est tout d'même.

FRANÇOISE.

Dame, ce n'est que du bordeaux 58. — On serre tout ici.

VINCENT.

Parlez-moi d'un bon pichet d'cidre; c'est ça qui vous réveille l'gosier. — Mais je r'tournons à not' besogne.

FRANÇOISE.

Vous avez bien le temps.

VINCENT.

Ah! c'est qu'faut travailler, puisque c'est pour ça qu'j'avons quitté d'cheux nous.

FRANÇOISE.

Et comment vous trouvez-vous ici, depuis huit jours que votre parrain, Monsieur le concierge, vous a attaché à son service?

VINCENT.

Oh! oh!... j'ons ben d'la peine à nous habituer aux usances de c'pays-ci.

ZOÉ.

Bah! vous vous y ferez. — C'est que, voyez-vous, on sait s'amuser à Paris.

VINCENT.

Vous craiez? — Pourtant m'est avis qu'cheuz vous on n'a pas d'autre occupation que de dormir, c'qui fait que l'soleil est obligé de s'lever ben pu tard qu'dans not'village, et que, pour n'pas réveiller les bourgeois, j'sommes itou forcé d'rester au lit jusqu'à des sept heures du matin. — Si vous trouvez ça amusant, vous autres.

FRANÇOISE.

Allez, allez, plus tard on ne pourra plus vous tirer du lit; il n'y a que le premier pas qui coûte.

VINCENT.

Et puis, ça ennuie, de n'voir ni bœufs, ni vaches, ni moutons, ni canards, enfin personne à qui parler.

ZOÉ.

Eh bien, et nous donc?

(*Un coup de sonnette se fait entendre.*)

VINCENT, *sans s'en apercevoir.*

Vous? — C'est vrai; à l'étable ou dans not'basse-cour, j'trouverions ben tout d'même queuqu'chose à vous dégoiser; mais ici, dans c'biau salon d'cuisine... (*Nouveau coup de sonnette.*) On sonne! (*D'un air effaré.*) Oh! jarnicois!

FRANÇOISE, *avec le plus grand calme.*

Oui, pour la seconde fois; oh! j'ai bien entendu; je crois que c'est Madame.

VINCENT.

Oh! que nenni! c'est ben la sonnette de m'sieur l'concierge.

FRANÇOISE, *vivement.*

Alors, dépêchez-vous.

(*Fausse sortie de Vincent.*)

Ah! j'y pense! (*Rappelant Vincent.*) Vincent! Vincent! (*Prenant dans le buffet de la cuisine une bouteille de champagne toute cachetée, elle la donne à Vincent, qui est revenu sur ses pas.*) Mon bon Vincent, puisque vous descendez, faites-moi le plaisir d'offrir à Monsieur votre parrain ce qui me reste du vin de Champagne que j'ai mis dans mes rognons. — Les petits cadeaux entretiennent l'amitié.

VINCENT.

Mais c'te bouteille est encore pleine, et même cachetée.

FRANÇOISE (*à part.*)

Le niais! (*Haut.*) Ça ne fait rien; donnez-la lui tout de même.

(*Vincent sort.*)

Décidément c'est une éducation à faire. — Toujours travailler! Excusez! Voilà un gâte-métier. Non, non, ça ne connaît pas le service.

ZOÉ.

C'est vrai, ça, son parrain voudrait le mettre à toutes sauces; mais il est passé, le temps des domestiques pour tout faire. Aujourd'hui, à chacun sa tâche, c'est plus juste — et moins fatigant. Tant pis pour les bourgeois! Il faut qu'ils sachent enfin que, sans les domestiques, il n'y aurait pas de maîtres.

VINCENT, *rentrant, deux lettres à la main.*

Mam'selle Françoise, on m'sonnait pour vous r'mettre ces brimborions d'papier.

FRANÇOISE, *prenant les lettres.*

Merci!

VINCENT.

C'est, au contraire, li qui vous r'mercie, m'sieur l'concierge, en vous disant que vos lettres vous sont toujours remises aussitôt qu'on les apporte.

FRANÇOISE.

Tiens, il y a deux lettres. (*Lisant la suscription d'une lettre.*) « Monsieur, monsieur Durand... pressée. » C'est pour mon maître, celle-là. (*Retournant la lettre.*) Elle est de Paris. Le timbre du 15 juillet ; et nous voici le 17. (*Retournant l'autre lettre.*) La mienne est pourtant bien timbrée d'aujourd'hui, — c'est drôle. — Mais n'importe. (*Ouvrant sa lettre.*) Ah ! c'est de Marguerite. (*A Zoé.*) Une payse à moi. — C'est celle-là qui est bien éduquée. — Imaginez-vous qu'avec une partie de ses gages, Mademoiselle s'est payé un maître de français. — Voyons ce qu'elle m'écrit.

(*Elle lit tout haut, pendant que Zoé remet son chapeau et ses gants, qu'elle avait ôtés pour manger, puis rajuste sa toilette. Vincent, de son côté, écoute, le menton appuyé sur son balai, sans plus songer à frotter.*)

« Bonne Françoise,

» La destinée a mis, tu le sais, entre nous certaine distance sociale, qu'on ne peut d'ordinaire franchir sans se compromettre. Appartenant, l'une à la Bourgeoisie, l'autre à la Noblesse, tu es demeurée au bas de l'échelle, moi, j'y suis montée successivement, et j'espère m'y élever encore davantage. Il faut bien faire comme tout le monde. On apprend à hurler avec les loups.

» Malgré tout, j'aime à me rappeler que le même village nous a vues naître. Voilà pourquoi tu es restée ma confidente; voilà pourquoi je n'hésite pas à te faire part de mes peines.

» Mon titre de femme de charge chez madame la Comtesse devrait me donner droit à toute espèce d'égards, de respects, j'oserai dire, de considération. Eh bien, le croirais-tu? il n'en est rien. On va même jusqu'à me faire prendre mes repas à l'office, en compagnie de... tu sais.

ZOÉ, *interrompant.*

Oui, nous savons.

FRANÇOISE, *poursuivant sa lecture.*

» Que je ne m'assoie pas à la table de monsieur le Comte et de madame la Comtesse, cela peut, à la rigueur, se concevoir, surtout pour les jours de réception ; mais ne pourrais-je pas du moins avoir mon couvert à part? — Que résulte-t-il d'un pareil procédé? C'est que les domestiques me traitent comme leur égale. Le cocher ne m'appelle-t-il pas sa « grosse mère! » C'est vraiment affreux! Je sais bien que, en sa qualité de cocher, c'est un ivrogne, qui a déjà plusieurs fois versé monsieur le Comte, et que son maître est obligé d'aller chercher lui-même au cabaret voisin. Mais, comme on dit chez nous, noblesse oblige. Quand on est des gens de monsieur le Comte, et qu'on porte un tricorne, des bas de soie et des gants blancs, on doit se... c'est à-dire, me respecter. « Ma grosse mère! » comme ça sent l'écurie! Et un pareil langage, à quel moment ose-t-on me le tenir? A peine un mois après mon entrée chez madame la Comtesse!

» Tu conçois que, une fois l'exemple donné, tous le suivent à l'envi. C'est à qui se familiarisera le plus avec moi. La cuisinière vient se plaindre qu'on s'oppose aux visites de son cousin, le tambour-major. Le suisse gémit des proportions ridicules de son logement, qui l'empêchent de recevoir et d'avoir son jour. La femme de chambre s'indigne aussi d'une pièce où elle ne peut placer ni sa toilette, ni son piano. Le valet de pied me raconte en riant les éternels tours de son métier : vin fin qu'il boit et remplace par de l'ordinaire ; lettres de son maître qu'il lit, en rangeant son bureau ; courses où il prétend n'avoir rencontré personne, pendant qu'il est allé se promener en tête-à-tête, etc., etc. — Bref, confidente universelle, il me faut connaître tous les faits et gestes, discours, projets, doléances de ces messieurs et de ces dames, à qui leur confiance doit, à leur sens, attirer de ma part complaisance et complicité. Oui, voilà, bonne Françoise, avec quel sans gêne on en agit avec moi.

» Si du moins j'étais dédommagée du côté des maîtres. Mais non ; jamais un mot d'amitié ; pas la plus petite marque d'abandon ou de simple reconnaissance. Je dirai même mieux : une manière blessante de vous parler : « Marguerite, faites ceci ; Marguerite, faites cela. » Il semble que le mot mademoiselle l'étranglerait, s'il sortait de sa bouche ; comme si, moi, je ne disais pas « madame la Comtesse. »

» Tu vois, ma chère amie, que je n'ai pas lieu d'être bien satisfaite de ma nouvelle position. Aussi je ne pense pas que je fasse un long séjour chez de pareilles gens, d'autant plus qu'on n'a ici que des appointements tout secs; pas de profits; car on ne peut appeler de ce nom les remises des fournisseurs, auxquelles on a droit partout. Que veux-tu? Il me faut avant tout de la considération, et je n'en ai pas l'ombre à l'hôtel.

» Si donc tu entendais parler de quelque bonne condition, comme celle de *dame de compagnie*, je compte sur toi pour en être prévenue. Mais, en attendant, garde-moi le secret sur tout ce que je viens de t'écrire. Que personne autre que toi ne connaisse mon dessein; car, si madame la Comtesse en était instruite, il me serait dur de perdre ma place. Il me suffira de lui donner ses huit jours, quand j'en aurai trouvé une autre.

» Adieu, ma chère: crois-moi ta bien sincère amie.

» MARGUERITE. »

ZOÉ.

Dame de compagnie! Peste! Excusez du peu!

VINCENT.

Faut croire tout d'même qu'elle n'est pas déjà si dégoûtée, c'te d'moiselle.

ZOÉ.

Puis, je n'aime pas qu'on fasse la bégueule avec moi; et si je n'étais que de vous, Françoise...

FRANÇOISE.

Fi donc! Avec une payse! — Et qui est-ce qui nous aidera, si nous ne nous soutenons pas entre nous? Sera-ce nos maîtres, par exemple? — D'ailleurs, je connais Marguerite : c'est une très-bonne fille dans le fond ; et puis, qui sait? on pourrait, plus tard, avoir soi-même besoin des autres.

ZOÉ.

Et quel certificat voulez-vous qu'on lui donne dans une maison où elle sera restée si peu de temps?

FRANÇOISE.

Des certificats! Ah! vous me faites rire avec vos certificats! Mais est-ce qu'on a besoin de certificats? Que vous êtes novice, ma chère! Ecoutez-moi donc pour votre instruction : D'abord, quand nous les quittons, enchantés de se voir débarrassés de nous, et peut-être craignant quelque tour de notre façon, nos maîtres nous donnent des certificats qui parlent seulement de nos qualités, en se taisant sur nos défauts. « Qu'ils aillent se faire pendre ailleurs, » pensent-ils gracieusement en nous les délivrant. — Si d'autres, moins sensés, inscrivent des vérités sur notre certificat, voici alors ce qu'on fait : Vous savez que les maitres ont la ridicule manie de vouloir connaître notre passé, quand il s'agit d'entrer à leur service. Les imbéciles! D'abord, ils ne se doutent pas qu'avant d'aller chez eux, nous avons pris sur leur propre compte des informations chez le boulanger, l'épicier, le boucher et le fruitier du voisinage, tous gens dépendant de nous autres, et qui ne manquent pas de nous bien renseigner. De cette manière, nous ne nous présentons chez eux qu'à bon escient, ou du moins en attendant mieux, quand nous avons appris que dans telle maison on ne garde personne, ou bien qu'on y meurt de faim. Puis, dans le cas où notre livret peut nous compromettre, nous ne manquons pas, quand on nous le demande, de l'avoir oublié dans notre malle; ou bien il est resté au pays, pendant une convalescence; ou ceci, ou cela; bref, nous ne le montrons pas; et, comme les gens sont d'ordinaire pressés d'avoir quelqu'un, on nous admet conditionnellement. Une fois dans la place, nous faisons balai neuf; on est content de nous, on ne songe plus au livret, et la farce est jouée.

VINCENT.

Tiens, c'est tout d'même pas trop bête, ça.

FRANÇOISE.

Quant à ce qui est de Marguerite, voici comment je m'y prendrai pour la servir. Un beau matin, sous prétexte de demander des ordres pour la journée, j'entre dans la chambre de Madame, pendant qu'elle s'occupe de sa toilette. Tout en ayant l'air de l'écouter, je tourne autour d'elle, et m'extasie sur l'abondance et la finesse de ses cheveux, sur la blancheur de sa peau, sur l'élégance et la richesse de la robe qu'elle a quittée la veille. Madame me laisse continuer, sans paraître se lasser de mon bavardage. Profitant de cette bonne disposition, j'arrive tout naturellement à parler d'une dame de mon pays; celle-ci a perdu depuis peu son mari, négociant des plus estimés de notre ville, et vient d'arriver à Paris, forcée, par cette perte inattendue et par une liquidation désastreuse, de devoir désormais à elle-même et à une place honorable ses moyens d'existence. Puis j'en reviens à la fraîcheur du teint de Madame ; Madame, à son tour, en revient aux malheurs d'une personne vraiment respectable. Enfin, après une exclamation involontaire, que m'arrache la beauté tout exceptionnelle de ses mains, je suis par elle autorisée à lui présenter une veuve aussi intéressante. Celle-ci arrive le lendemain, tout de noir habillée, et, grâce à l'expression bien sentie d'une éternelle reconnaissance, se fait facilement agréer. Dès lors, je disparais comme un personnage inutile. C'est Madame seule qui sert de répondant et de garantie à sa protégée, qu'elle ne connaît pourtant ni d'Eve, ni d'Adam. Elle prend son affaire à cœur, en parle à gauche, en parle à droite, remue ciel et terre, et finit par lui trouver la place demandée. Voilà comment Marguerite devient dame de compagnie, sans avoir eu besoin de fournir ni renseignements, ni certificats.

ZOÉ.

Allons, je le vois, vous êtes notre maîtresse à tous. — Mais j'entends ouvrir la porte de l'escalier. — On tousse, je crois, — Oh ! c'est monsieur Durand !

FRANÇOISE, *après s'être penchée sur la rampe de l'escalier, revenant en toute hâte.*

Oui, c'est Monsieur ; je le reconnais à son pas lourd. — Vite ! vite ! qu'on décampe, et sauve qui peut !

## TABLEAU FINAL

Zoé quitte précipitamment sa chaise, pour s'élancer vers l'escalier, puis, avec le calme et la sérénité d'une jeune vierge, qui se rend au temple pour offrir son cœur à Dieu, elle baisse son voile — et ses yeux pudiques — en passant devant le gros monsieur Durand. Celui-ci se range pour lui faire place, et salue profondément le sosie femelle de la Dame du second.

Vincent, en jeune néophyte de bonne volonté, qui décidément commence à ouvrir les yeux à la lumière, se remet à frotter le palier avec un entrain féroce.

Françoise serre sa lettre dans son fichu, cet asile des secrets réputé inviolable. Ensuite, découvrant toutes ses casseroles, elle y prodigue d'une main judicieuse et exercée les trésors de l'assaisonnement le plus raffiné.

Aux suaves parfums qui s'exhalent de toute la cuisine, le sensuel financier n'hésite pas à pénétrer dans ce sanctuaire, et, tout en le traversant, prend d'avance un à-compte olfactif sur les délicieux rognons, qu'il se félicite d'avoir fait sauter au vin de Champagne.

FIN DE LA PREMIÈRE PARTIE

# FAMILIA

---

DEUXIÈME PARTIE

---

# MADEMOISELLE GERMAINE

OU

## LA SERVANTE DU CURÉ

---

### Un mot au lecteur.

Bénévolentissime lecteur,

Quand, invité chez un ami, vous avez, d'une bouche en cœur et quelque peu dédaigneuse, eu l'air de siroter un potage, qui est plus ou moins de votre goût, vous n'êtes pas fâché, je pense, de connaître la carte du dîner. La carte, en effet, est un baromètre gastronomique, dont les précieuses indications servent à rassurer ou à prémunir l'estomac timoré ou soupçonneux. Avec elle, la bonne foi de votre palais n'a plus de surprise à craindre. Sachant à quoi vous attendre, si rien de ce qui va achalander la table, n'est à votre convenance, vous avez la faculté de grignoter en tapinois votre pain sec, tout en ayant l'air, par politesse, d'interroger de la fourchette le contenu de l'assiette apportée devant vous par un malencontreux valet. Si même vous avez été élevé dans l'horreur de la dissimulation et du pain sec, vous pouvez tout refuser, en mettant votre abstinence à couvert sous le spécieux manteau de quelque gastralgie improvisée, ou d'une diète rigoureusement imposée par votre médecin.

Eh bien, je ne veux contrarier en rien une si judicieuse habitude; et, puisque vous daignez honorer de votre visite les produits de mon art, je me hâte de prévenir vos désirs, en mettant à votre disposition mon menu du jour. Ne vous gênez pas, je vous prie; faites vos observations; elles ne peuvent que m'être précieuses. Me voici, Flicoteaux (1) littéraire, debout devant vous, dans l'humble posture de rigueur, la serviette (2) sous le bras, le sourire stéréotypé aux lèvres, et tout prêt à vous répondre :

— Qu'avez-vous donc là, mon cher, en tête de votre carte ?

— C'est un récit.

— Un récit! c'est cela, toujours des plats dont vous

1. MM. les étudiants de province n'ont pas, je l'espère pour l'honneur de leur estomac, oublié ce nom du célèbre gargotier classique de la place Sorbonne, à Paris.

2. On sait qu'on donne le nom de *serviette* à une espèce de portefeuille ouvert, destiné à recevoir différents papiers.

cherchez à vous débarrasser ; un récit ! vieille rengaîne de cuisine, qui sent le rance ! Racine, malgré son talent à nous faire tout passer, est coupable au premier chef, pour avoir empoisonné le public avec ces écœurants et filandreux couplets de facture, dont il a donné l'idée aux marmitons (1) de la scène, Messieurs les vaudevillistes. Vrai ! depuis que chose m'a, l'autre soir, si traîtreusement fait manger du récit de Théramène, je me sens toujours sur les lèvres les mots sacramentels : « merci, je sors d'en prendre. »

— Je ne servirai donc à Monsieur de récits que juste autant qu'il en faudra pour remplir les vides.

— Parfaitement compris.

— Alors Monsieur aimerait mieux un dialogue, comme pièce de résistance.

— Sans doute, pourvu que ce ne fût pas un *Dialogue des morts*, comme ceux de maint auteur vivant.

— J'ai justement l'affaire de Monsieur, quelque chose de délicat et de digestion facile, un vrai régal.

— A la bonne heure ! nous avons l'estomac paresseux ; il nous faut des morceaux qui le nourrissent sans qu'il s'en aperçoive, du léger, du substantiel, enfin... Vous savez ce que je veux dire.

— A peu près... Et avec cela, que peut-on offrir à Monsieur ? des descriptions ?

— Heu ! heu ! sont-elles fraîches et nouvelles, vos descriptions?

1. L'auteur prévient, par mesure de précaution, le public qu'il a expressément recommandé au prote de ne pas commettre ici d'injurieuse coquille, en imprimant *myrmidons* (peuple microscopique), au lieu de *marmitons*.

— Ce que je puis affirmer, la main sur la conscience, c'est qu'elles m'arrivent directement, sans qu'il faille les emprunter à des confrères. De plus, Monsieur sera le premier pour qui je les tirerai de la boîte.

— En vérité? Eh bien, apportez-m'en deux ou trois; mais pas davantage. Les hors-d'œuvre ne doivent pas empiéter sur l'appétit que les œuvres capitales ont droit d'exiger des convives.

— Ajouterai-je un ou deux portraits?

— Si vous voulez, quoique les artistes de nos jours les mettent à toutes les sauces, sans parvenir à les bien réussir; c'est fade, c'est insipide, faute d'être relevé par ce piquant je ne sais quoi, qui a tant de saveur. Oh! Molière, Lafontaine, Labruyère, vrais portraitistes de l'humanité, pourquoi faut-il, hélas! qu'en vous retirant des affaires de ce monde, vous n'ayez cédé votre fonds à aucun successeur!

— Si quelques réflexions morales étaient aussi du goût de Monsieur, je pourrais...

— De grâce! Pas de ce légume. Ça et le homard, c'est tout ce qu'il y a de plus indigeste au monde. Il fallait les tempéraments philosophiques du dix-huitième siècle, pour s'assimiler des aliments aussi froids et aussi lourds.

— Passons. Mais puisque Monsieur aime le relevé, les choses de haut goût, oserai-je lui parler d'une salade d'épigrammes, avec de l'ironie tout autour, comme des capucines, et du persiflage en guise de chapon.

— Fi donc! Quand on a usé d'un mets aussi épicé, on n'est pas en odeur de sainteté. Tout le monde vous fuit comme la peste. On en a pour quinze jours, sans oser se présenter nulle part. Non, non ; une fine plaisanterie, assaisonnée d'une pointe de malice, avec sauce moitié huile, moitié vinaigre, voilà ce que je préfère à tous vos emporte-bouche.

— Allons, je le reconnais, Monsieur est un fin gourmet, et je me trouverais heureux de pouvoir satisfaire des goûts aussi délicats. Malheureusement, de la malice, Monsieur ne trouvera guère cela ici. Les habitués de la maison n'en demandent pas assez souvent, pour qu'on se mette en frais en pure perte. Cependant, pour être agréable à Monsieur, je vaïs tâcher de m'en procurer un peu. En attendant, faut-il lui proposer un assortiment de sentiments variés ?

— Oh ! de la sentimentalité !

— (*Me redressant avec un air de dignité blessée.*) Si Monsieur me connaissait mieux, il saurait que Philalèthe a horreur de tout ce qui est faux et frelaté, comme la nature avait horreur du vide avant Pascal, comme, de nos jours, nos élégantes ont horreur de ces queues postiches... qu'on plante dans le calice des fleurs de camélias ou d'orangers. Boileau m'a volé son vers :

Rien n'est beau que le vrai, le vrai seul est aimable.

La vérité, la réalité sont, je le jure, le fond de tout ce qui, dans ce menu, sortira de mes mains. Seulement j'y entremêlerai un nuage de fantaisie, un soupçon d'humour, mais rien que pour lui donner une couleur qui affriande les appétits récalcitrants ou blasés. C'est simple comme « bonjour, » me dira-t-on peut-être, en goûtant à mon tôt-fait. Oui, répondrai-je ; mais (*ou bien*) donc c'est vrai. Et cette réponse suffira à ma conscience. (*Reprenant l'air obséquieux de mon emploi.*) Non, monsieur ; pas de sentimentalité ; mais du sentiment vrai. C'est un mets de roi, quoi qu'on dise, et difficile à préparer, mais qui, bien venu, tient de l'ambroisie. L'esprit a cessé de s'en délecter, qu'il vous en reste encore un arrière-goût dans la mémoire.

— Va donc pour les sentiments. Toutefois je vous déclare que, pour peu qu'ils soient avariés ou de mauvais acabit, je vous les renvoie, sans y toucher même du bout des lèvres.

— C'est ce que Monsieur aura de mieux à faire.

— Mais jusqu'ici, mon brave hôte, vous ne m'avez pas parlé de primeurs ; cependant il m'en faut à tout prix :

Il me faut du nouveau, n'en fût-il plus au monde.

— Pardon ; mais je viens de prononcer les mots vérité, réalité ; n'est-ce pas là de la nouveauté assez rare dans nos sortes d'établissements?

— C'est possible. Mais pour du sel attique, il n'en a pas été question, hein ?

(*Au lieu de riposter à cette apostrophe délicate, je me passe la main gauche derrière l'oreille, pendant que la droite me prend le menton. C'est le geste des gens embarrassés, et qui veulent échapper à une réponse catégorique. Puis, par une soudaine inspiration de mémoire, qui me vient en aide pour donner le change à mon interlocuteur.*) :

A propos ! j'ai bien aussi dans quelque coin un reste de gaîté. Cela vaut tous les sels du monde pour l'assaisonnement. . Seulement le retrouverai-je ?...

Ce serait pourtant dommage de l'avoir perdu ; car il n'y a rien de tel pour faire passer, je ne dirai pas des crudités (tout homme qui se respecte, se garde bien de pareilles choses), mais des morceaux qui ne sont pas de la dernière orthodoxie.

— Tâchez donc de mettre la main sur votre gaîté ; mais surtout qu'elle soit douce, et ne ressemble pas à ces fromages âcres et trop avancés, qu'on n'oserait risquer sur une table à laquelle sont assises des dames.

— A cet égard, Monsieur peut être parfaitement tranquille.

— Eh bien, puisque nous voici d'accord, et que nous avons donné le temps au potage de couler, rien ne nous empêche de passer au premier service.

— A vos ordres.

# I

## L'occasion fait le larron.

Eux aussitôt, laissant-là leurs filets, le suivirent.
SAINT MATHIEU.

Qui de nous n'a mainte fois lu avec stupéfaction dans les *Annales de la propagation de la Foi*, et ailleurs, la vie de ces humbles ecclésiastiques qui courent prêcher l'Évangile au bout du monde, dans les derniers repaires de l'idolâtrie. Parents, amis, patrie, le missionnaire quitte tout, pour aller conquérir une famille chez les sauvages qui le persécutent, recruter des affections parmi les anthropophages, demander une patrie à l'exil. A défaut d'expressions assez élevées pour être au niveau de l'admiration que m'inspire tant d'abnégation, de courage, de dévouement, je dis que c'est tout simplement... sublime.

Il paraît qu'en Champagne, l'an de grâce 1820, sans être précisément des cannibales, sans manger d'autre chair que du mouton, sans pousser l'humilité d'intelligence jusqu'à adorer un dragon fantastique, un serpent, un crocodile ou quelque hideux fétiche, on ne marchait pourtant pas tout à fait dans les voies du Seigneur, puisqu'il fallut un nouveau saint Jean, *pour rendre droits les sentiers*. Etait-ce l'Esprit malin, ou, au contraire, l'esprit du terroir qui était cause de cette nécessité, c'est ce que l'histoire contemporaine a négligé de nous apprendre. Toujours est-il que cette mesure fut jugée indispensable à Bar-sur-Aube. Le moderne précurseur du Maître en cet endroit était un membre de la congrégation de Picpus, qui, si je ne me trompe, s'appelait le père Gorgia, et qui, pour les habitants était tout bonnement monsieur le missionnaire, chargé de ramener les brebis égarées, pour les rassembler au pied de la croix. Une croix, en effet, avait été plantée sur une des places de la ville ; et le jour même où avait eu lieu cette imposante cérémonie, le curé de l'endroit réunissait chez lui, avec le zélé prédicateur, les desservants des communes d'alentour.

Or, au milieu de la pieuse et frugale agape qui rassemblait ainsi tout le clergé limitrophe, un coup de sonnette se fit entendre, et un jeune abbé, qui avait en ce moment quitté la table, ouvrit la porte du presbytère hospitalier à une femme de la campagne.

Cette paysanne, robuste de constitution, mais déjà dans la maturité de l'âge, paraissait souffrante. Elle portait des habits de deuil, et son visage trahissait un chagrin qu'elle s'efforçait pourtant de combattre par la résignation. Elle portait sous son bras un paquet assez volumineux, soigneusement enveloppé, et attaché avec des épingles.

Son introducteur, après l'avoir fait entrer dans une espèce de parloir, s'enquit du motif qui l'amenait.

— Je suis, répondit la paysanne, de Rouvres, à deux lieues d'ici, et je désirerais parler à monsieur le missionnaire.

— Il est occupé en ce moment; mais vous pouvez l'attendre ici.

— C'est que, voyez-vous, il a promis de placer Thérèse Gigoux, ma payse, chez un ecclésiastique de ses amis.

— C'est bien; vous en parlerez au père Gorgia. Mais, vous, où comptez-vous aller avec ce bagage?

— J'ai l'idée d'entrer au couvent des Ursulines de Troyes, comme sœur converse, et je m'y rends de ce pas; car je n'ai plus personne à servir maintenant. (*Elle pousse un soupir.*) Croyez-vous que Thérèse trouve pour sûr une place? C'est une bien bonne fille, allez.

— Je le souhaite de tout mon cœur... Et qui serviez-vous donc jusqu'ici?

— Mon père, monsieur l'Abbé.

— Quoi! vous voulez le quitter ainsi!

— C'est lui qui m'a quittée, pour aller au bon Dieu.

— Hum! je comprends; et maintenant que, sans doute, vous n'avez plus de famille...

— Si fait : j'ai encore une sœur et un neveu.

— Votre père, je le vois, n'a pas dû manquer de soins, avec deux filles autour de lui.

— Oh! ma sœur s'est mariée; c'était assez de moi pour le soigner.

— Hum! Et combien de temps êtes-vous restée auprès de votre père malade?

— Rien que deux ans, hélas! Mais que voulez-vous? quand on est paralytique, ça ne peut pas durer toujours.

— Vous a-t-il au moins laissé quelque chose?

— Ah! que oui, monsieur; il était si économe, mon pauvre père.

— Eh bien, alors, pourquoi vouloir aller au couvent?

— C'est que je n'ai plus rien.

— Qu'avez-vous donc fait de votre patrimoine? Quoi! en si peu de temps?

— Je n'en avais plus besoin, voulant entrer en religion; au lieu que ma sœur n'est pas heureuse, et que mon neveu est encore bien jeune, et orphelin. Ce qui fait que j'ai laissé à ma sœur 700 francs, toutes mes économies, et à mon neveu ma part de notre maison et de notre vigne.

— Hum! Et vous dites donc que vous cherchez une place?

— Oui, pour ma payse. Oh! mon cher Monsieur, soyez assez bon pour vous intéresser à elle.

— Tout ce que vous m'apprenez là, m'intéresse beaucoup.

— Quel bonheur! Mais une bonne place, n'est-ce pas?

— Sans doute... Quel âge avez-vous?

— Dame, je cours vers la quarantaine. Mais ma payse n'a que vingt-neuf ans.

— Près de quarante ans, c'est un âge convenable. Et a-t-on un peu l'habitude du ménage? C'est qu'il faut aussi s'occuper du jardin, de la basse-cour.

— Ne craignez rien ; ma payse sait faire tout cela.

— D'autre part, vous ne l'ignorez pas, un curé de campagne n'a pas des mille et des cent. On doit aller à l'économie.

— Pour ce qui est de ça, on peut dormir sur les deux oreilles ; d'une pièce de six liards, ma payse en ferait deux.

— Et vous, vous avez le même esprit d'ordre?

— Je l'espère, monsieur l'Abbé.

— (*Résolument.*) Eh bien, voilà la place toute trouvée.

— Pas possible ! Quoi ! si tôt ! Ma chère payse...

— Votre payse, votre payse ! Il s'agit de vous, ici.

— Comment ?

— Allons, c'est assez jouer aux propos interrompus. Décidément, voulez-vous entrer au service d'un curé de mon âge, de sa mère et de sa sœur?

— Mais, monsieur l'Abbé..., car enfin... et ma payse donc?

— Soyez sans inquiétude ; si le père Gorgia ne la place point, l'adjoint de ma commune a justement besoin d'une jeune bonne, pour aider sa femme dans les travaux de sa ferme. Votre payse pourra, dès demain, se présenter de ma part chez ces braves gens.

— Eh bien, si c'est comme ça, je ne vois pas ce qui pourrait m'empêcher... Car, enfin, ne peut-on pas faire son salut...

— (*Achevant la pensée commencée.*) Ailleurs que chez les Ursulines? Oui, ma fille, oui, certainement... Ainsi, c'est convenu. Dans deux heures je vous emmène, et dès ce soir vous serez installée dans ma cure.

— (*Avec un soupir de regret.*) Et pourtant le couvent ?

— Le couvent? Vous savez le proverbe : « Faute d'un moine, l'abbaye ne chôme point »... Laissez donc ici votre petit bagage, pour aller faire vos derniers préparatifs. Pendant ce temps, je parlerai au père Gorgia, je prendrai congé de monsieur le curé de Bar-sur-Aube, et à la grâce du bon Dieu !

Notre servante improvisée se hâta de sortir. Elle courut apprendre à Thérèse Gigoux ce qui venait de se passer, alla faire ses adieux à quelques connaissances de la ville, et, deux heures après, maître et domestique se trouvaient, à pied, sur la grande route qui conduit de Bar-sur-Aube à Brienne-la-Ville. Son paquet sous le bras, la pauvre femme suivait en silence monsieur l'Abbé. Celui-ci, d'un air assez distrait, dans lequel perçait un sourire de satisfaction, lisait et relisait son bréviaire, entremêlant plus d'un verset du mystérieux « hum ! » dont il nous a déjà donné quelques échantillons.

Le chemin qu'ils ont à parcourir, ne laisse pas que d'être assez long, quatre bonnes lieues. Que faire, nous autres, pendant ce temps? Tiens, parbleu ! si je m'amusais à vous régaler aussi d'un bout de lecture, de quelque aventure de voyage... Voici justement un passage que le hasard me fait tomber sous la main. C'est, ma foi! un à-propos tout à fait de circonstance dans la position où nous nous trouvons, vous et moi. Ce morceau, qui est de Swift, l'ingénieux auteur de *Gulliver*, est écrit en anglais ; mais, comme je ne doute pas que vous ne connaissiez cette langue, c'est dans la traduction que vous allez le lire :

« Il en est de ceux qui écrivent, comme des voyageurs : si un homme se hâte pour revenir chez lui (ce qui n'est pas mon cas ; car je ne suis jamais si désœuvré que dans ma maison), et si son cheval est fatigué par la longueur du voyage, ou par de mauvais chemins, ou parce que c'est une mazette, je lui conseille de suivre la route la plus courte et la plus battue, quelque sale qu'elle puisse être. Il est vrai qu'un tel homme est un assez mauvais compagnon de voyage : à chaque pas, il s'éclabousse lui-même et ses camarades. Leurs pensées, leurs désirs, leurs conversations ne roulent que sur le *gîte ;* et à chaque embarras, à chaque tas de boue, à chaque fois qu'un des chevaux bronche, ils se donnent mutuellement à tous les diables, du meilleur de leur cœur.

» Mais quand un voyageur et son coursier sont, l'un et l'autre, gais et vigoureux ; quand le premier a la bourse pleine, et qu'il a le jour entier à sa disposition, il ne choisit que les chemins les plus propres et les plus agréables ; il fait des contes borgnes à ses compagnons, et les amène avec lui n'importe où un effet agréable de l'art ou de la nature, ou de tous les deux, s'offre à la vue. S'ils sont trop stupides ou trop fatigués pour le suivre, il les plante là, bien sûr de les rattraper à la ville la plus proche. »

Puis l'humoriste britannique ajoute :

« Dès qu'il y arrive, il y passe au grand galop ; tous les habitants, hommes, femmes, polissons, sortent pour le voir. Une centaine de chiens aboient après lui; et s'il favorise les plus hardis d'un coup de fouet, c'est plutôt par divertissement que par vengeance. Mais si quelque dogue hargneux s'approche de trop près, un coup de pied accidentel du coursier, qui par là ne perd pas un pouce de terrain, l'envoie chez lui boiteux et à demi mort. »

Si j'ai cité *in extenso* ce passage, ce n'est pas que la fin en soit du tout de mon goût, ou, encore moins, qu'elle soit mon fait. Hommes, femmes, polissons, centaine de chiens et même dogue hargneux pourraient bien crier, aboyer après moi, que je ne *favoriserais*, suivant l'expression du facétieux écrivain, personne d'un coup de fouet. Je suis trop pacifique pour cela. Tout au plus me contenterais-je de soumettre timidement quelques observations à ce public plus ou moins bipède, réuni dans la classe des mammifères. C'est précisément ce qui va m'arriver ici même, et pas plus tard que tout de suite.

L'auteur dramatique, après le prologue d'une œuvre qu'il livre pour la première fois au jugement des spectateurs, regarde ses juges par le trou pratiqué dans le rideau du théâtre. Il veut se rendre compte de l'impression produite par la première apparition de son nouveau-né. Le trouve-t-on viable? S'aperçoit-on qu'il a été estropié par l'opération césarienne de la sage-femme, dame Censure, qui n'a pas toujours passé pour une femme sage? Le forceps même employé, au dernier moment, par la main tremblante de son père, pour faciliter sa venue à la lumière de la rampe, ne lui a-t-il pas faussé le crâne, aplati le nez ou mutilé quelque autre appendice non moins essentiel à un être complet?

Immobile — le malheureux! — le cou tendu, il n'est vraiment plus sur le théâtre, il est tout entier dans la salle. Là, dans un coin de l'orchestre, il peut entendre de ses oreilles paternelles un critique, non moins empesé que sa cravate, se dédommager de son impuissance à mordre sur le prologue, en lançant, comme une sinistre prophétie du grand-prêtre Joad, l'anathème sur la pièce qui va se dérouler :

Comment en un plomb vil l'or pur s'est-il changé ?

Plus haut, dans une loge d'avant-scène, trône une grande dame, une Illustration, qui, après avoir perdu sa jeunesse à courir tout Paris, à la recherche de l'hôtel Rambouillet, a fini par ne rencontrer à sa place qu'une équivoque fontaine de Jouvence, où elle va, chaque matin, retremper les lis de son teint, et rafraîchir les roses de son visage. Or, elle trouve, la Corinne surannée, que l'actrice du prologue a trop prodigué le fard et la poudre de riz ; et, comme ses paroles sont autant d'arrêts irrévocables, l'auteur voit déjà son tendre enfant tombé dans le *troisième dessous*.

Plus haut encore, tout à fait en haut, au *paradis*, deux grisettes (variété hybride « qui depuis... Rome alors estimait leur aiguille »), épluchant une orange d'un air rieur et bon enfant, semblent dire à l'auteur : « Non, nous ne sommes pas venues pour voir votre drame, auquel, Dieu merci! nous ne comprenons rien. Nous sommes ici pour être vues, pour rire et passer la soirée hors de l'atelier. » Et peut-être le pauvre diable envie-t-il tout bas l'insouciance de ces aimables ignorantes, qui ont le bonheur de ne s'intéresser en rien aux choses de la scène.

Tout à coup sa bouche reste entr'ouverte, sa langue se glace à son palais. Il a vu — en croira-t-il ses yeux? — il a vu en plein parterre, juste sous l'ombre du lustre, s'éclaircir peu à peu l'épais bataillon de ces preux chevaliers qui parcourent le monde théâtral, toujours prêts, la lance ou la dague au poing, à défendre le faible et l'opprimé. Ils s'éclipsent, l'un après l'autre, les lâches! Ils fuient au moment du combat. La soif est le prétexte de leur disparition. Malheureux! Est-ce que, à la bataille d'Auray, Geoffroi Dubois ne criait pas à Beaumanoir, blessé et tourmenté du même besoin : « Bois ton sang, Beaumanoir! » et ils continuaient à frapper.

Alors, le Damis de la *Métromanie* commence à trembler de tous ses membres; et, malgré tout, il regarde encore, il regarde toujours. En vain la voix du régisseur donne l'ordre d'évacuer la scène. L'auteur reste à son poste d'observation, non moins inébranlable que Cambronne, au poste de l'honneur, quand il crachait à la face de l'officier anglais son mémorable juron, dont l'atticisme a depuis été révoqué en doute. Enfin le cri : « Au rideau! » peut seul, et à grand'peine, l'arracher à la terrible fascination exercée sur lui par le monstre à mille têtes, qui rugit dans sa cage.

Ainsi moi, pendant que vous lisiez le commencement de ce premier chapitre, vous ne vous doutiez pas qu'en imagination j'avais l'œil sur vous. Et pourtant, — car il faut parler franchement, — je vous reconnais sans conteste le droit de vous fâcher de cet indiscret regard, sournoisement jeté sur votre for intérieur. A vous également permis de m'imprimer au front ces flétrissants stigmates de la critique : « Votre préambule ne vaut rien. La conversation qui suit, est dénuée de toute vraisemblance, quoique vous la disiez vraie. Pour nous la faire oublier, vous vous êtes ensuite abandonné à un bavardage effréné. » Ou bien, sans même me faire l'honneur de m'éclabousser de vos dédaigneuses observations, vous pouvez, en me lisant, bâiller comme un *dilettante* aux Italiens, ou dormir à votre aise, comme un juge à l'audience. Je n'aurai qu'à dévorer silencieusement ma disgrâce, et ma seule consolation sera de me dire : » Tout est perdu fors l'amour-propre. » Car, vous le savez, l'amour-propre est un liége, qui, au milieu de tous les cataclysmes où se noie la raison, trouve toujours moyen de surnager. Quant au mien, voici les branches que je lui tendrai pour l'empêcher de boire un coup, en sombrant dans l'abîme : « ami lecteur, si jusqu'ici vous êtes resté indifférent (*indifférent*, euphémisme. Vous le voyez, déjà mon amour-propre cherche à se rassurer, en envisageant les choses du côté le moins mauvais), ce n'est nullement la faute de mon œuvre (*nullement;* remarquez-vous comme mon amour-propre se rengorge, en m'entendant renfermer une négation dans une formule si affirmative) ; cela provient uniquement d'un oubli de ma part. (*Un oubli ;* tout le monde peut avoir des oublis. Mieux que cela : mon amour-propre ne va-t-il pas jusqu'à se dire tout bas, en se frottant les mains : Un oubli provient nécessairement ici d'une distraction ; or les distractions ne sont-elles pas d'ordinaire le propre des grands génies ? Donc...) Oui, lecteur, en vous jetant au milieu de mes personnages, j'ai tout simplement oublié de vous les *présenter;* et, vous le savez, l'étiquette anglaise, devenue, comme tant de choses ridicules, une loi d'étiquette en France, veut qu'une personne *non présentée* ne vous intéresse pas plus que les éternels débats de l'Académie des sciences à l'occasion des manuscrits de Pascal. Quoi donc de plus naturel que votre froideur à m'écouter? Ne fut-ce pas pour avoir ignoré cet important article du cérémonial, que Napoléon Ier, après s'être introduit chez tous les souverains de l'Europe, sans y avoir été *présenté* par personne, ne fut pas reconnu par eux en 1815, quand, *présentés* par les Anglais, ils vinrent rendre visite à Paris ? »

Espérant donc, indulgent lecteur, que, pour prix de ma franchise à vous avouer mes torts involontaires, vous voudrez bien dorénavant excuser ceux que j'aurai volontairement, je me hâte de tout réparer, en vous présentant d'abord monsieur le curé de Brienne-la-Ville, avec qui je vous laisse le plaisir de faire bientôt plus ample connaissance. Puis voici Germaine Prieur, fille de François Prieur et de Marie Pérard, sa légitime épouse, née à Rouvres (Aube), le 10 juillet 1782 — acte civil en règle — laquelle *courait* donc, suivant son expression, *vers la quarantaine* en 1820. Je ne vous en dirai rien de plus ici : à bon vin pas d'enseigne.

Maintenant que tout s'est passé conformément aux us et coutumes du jour, dites-moi bien franchement, que pensez-vous de nos deux voyageurs? N'est-ce pas que Monsieur l'Abbé, qui va jouant si allégrement de ses toutes petites jambes, vous a l'air d'un brave homme. Il porte sur son visage cet air de franchise et de bonhomie auquel on ne résiste guère.

Mais ce *hum!* (signe particulier) dont il émaille sa conversation, peut-être l'avez-vous attribué à quelqu'un de ces tics vulgaires auxquels nous sommes tous plus ou moins enclins. Dans ce cas, permettez-moi de ne pas être de votre opinion : pour moi, ce monosyllabe énigmatique dénote la discrétion de l'intelligence ou du cœur, qui garde pour soi sa pensée ou son sentiment. C'est un dialogue secret dans lequel on se parle et se répond *in petto*. J'y vois enfin un indice de la violence qu'on se fait, pour empêcher une réflexion juste, un mot heureux d'échapper à ses lèvres, une douce émotion de se trahir dans ses yeux. Si j'ai conjecturé juste, ce *hum! dit plus de choses qu'il n'est gros;* un pareil mot n'est pas commun dans la bouche de bien des hommes spirituels ou sensibles.

Quant à cette servante, qu'il a mène à sa mère et à sa sœur, pour les soulager dans les soins de l'intérieur, je suis certain de vous voir partager mes sympathies à l'endroit de cette nature affectueuse, simple et droite, pour qui l'accomplissement du devoir est chose facile et attrayante, et qui...

Mais à quoi pensè-je donc avec mes divagations continuelles, semblable à ces chiens qui ne sauraient rencontrer, sur leur chemin, un arbre, une borne, une touffe d'herbe, sans aller les flairer, tourner autour et... Encore! Mais c'est donc une maladie! Prenez garde,

Fœnum habet in cornu.

Décidément, pour éviter qu'on ne nous interdise, hâtons-nous de passer au chapitre suivant.

## II

### Les bons comptes font les bons amis.

> Le Dieu, poursuivant sa carrière,
> Versait des torrents de lumière
> Sur ses obscurs blasphémateurs.
>
> LEFRANC DE POMPIGNAN.

Comment diable ai-je pu promettre solennellement au lecteur que *je serais bien sage, et ne le ferais plus?* L'enfant gâté renouvelle vingt fois par jour ces mêmes promesses, et vingt fois il recommence, et ses parents, habitués à un pareil langage, tout en menaçant du fouet le polisson incorrigible, n'en laissent pas moins la verge dormir dans son coin. Car ce sont gens sensés, qui ont pratiqué la vie, et savent combien il est difficile de dompter sa nature. Que le public soit donc aussi plein d'indulgence et de mansuétude à mon égard que *papa* et *maman* pour *bébé*.

Seulement, ayant, de plus que celui-ci, l'âge de raison — cette monnaie de convention sans grande valeur réelle, — et, en outre, ce qu'on appelle, je ne sais trop pourquoi, des principes, je me dois de faire tous mes efforts pour tenir religieusement mes engagements... à moins que

> La faim, l'occasion, l'herbe tendre, et, je pense,
> Quelque diable aussi me poussant,
> Je *ne tonde d'un* pré la largeur de ma langue.

C'est pourquoi je vous dirai, sans plus de préambule, que notre servante, après s'être mise au courant du *train-train* de la cure, était devenue, suivant l'expression consacrée, un cheval à l'ouvrage : et les blanchissages, et les récurages, et les travaux du jardin, et le soin de la basse-cour, elle ne se rebutait à rien, trouvant du temps pour tout, grâce à sa force et à sa bonne volonté, cette autre force, qui tient lieu de tant de choses, et que rien ne peut suppléer. Aussi, dans la maison, tout était devenu d'une propreté irréprochable; tout reluisait, depuis la batterie de cuisine, jusqu'à la chaussure de Monsieur le curé.

C'est ce qui faisait que Mademoiselle Rose, sa sœur, partout où elle allait, chez le maire, chez l'adjoint, chez le maître d'école, ou chez quelque gros fermier, ne tarissait pas sur les qualités de cette précieuse domestique : « Germaine fait comme ci, Germaine fait comme ça; » et toujours Germaine sur le tapis.

C'était, dans la bouche d'une maîtresse juste et bienveillante, une explosion de satisfaction bien naturelle, je le sais, mais qui pouvait ne pas toujours trouver d'écho dans des oreilles indifférentes ou intéressées.

En effet, réfléchissons un peu :

A mon sens, elle radotait, la vénérable Antiquité, quand cette vieille abonnée à la *Gazette d'Athènes* lui empruntait, comme un de ces contes merveilleux de ma mère l'Oie, l'anecdote relative à Aristide, prêt à expier par l'ostracisme sa probité et sa vertu. Qu'avait-il donc de si étrange, le paysan, qui, placé dans *l'agora* près de ce grand citoyen, le priait d'écrire son nom sur sa coquille? il votait pour la condamnation d'un homme que, sans le connaître, il était las d'entendre toujours appeler *le juste*. Est-ce que cette application particulière du vote universel n'est pas notre fait, à vous, à moi, au genre humain tout entier? Tant pis pour la vertu! *Vœ victis!*

Soyez borgne, bossu, bancal; — c'est encore ce que je puis vous souhaiter de mieux — on rira de vous; c'est vrai, — de quoi ne rit-on pas? — mais tout se bornera là. Au contraire, soyez droit, ingambe, bien tourné; on ne vous le pardonnera pas. La perfection! Quel crime abominable! Vite, vite, des pierres! vous serez lapidé.

Honnête Germaine, seriez-vous destinée à servir de pendant à Saint-Étienne!

Et puis, la vanité, pourquoi donc la compte-t-on? La vanité, n'est-ce point le pivot universel sur lequel tourne éternellement le monde sublunaire? Otez de chacun de nous son grain de vanité, au lieu d'un être remarquable par un majestueux et florissant embonpoint, vous ne trouverez plus qu'un je ne sais quoi, maigre, blême, flasque, chétif, humble, qui n'osera plus s'appeler du glorieux nom d'homme; en d'autres termes, il n'y aura plus devant vous qu'un corps sans âme.

Et moi-même, moi qui vous parle, moi le dernier de vos serviteurs, si je n'ai pas, Dieu merci, la sotte vanité de croire que j'écris ce barbouillage pour le plus grand bien de Sa Majesté l'humanité, j'ai du moins la vanité d'oser lui dire en face ses vérités :

Votre Majesté
Est mal, etc,

Chose inouie, et que ne s'était jamais permise la bouche d'un sujet, depuis le bon saint Eloi et le règne de Dagobert Ier ! aussi n'ai-je guère entendu la fin du couplet :

C'est vrai, me dit le Roi,
Je vais la remettre à l'endroit

Or, à Brienne-la-Ville, la comparaison ne devait-elle pas blesser bien des amours-propres autour de celle qui était comme le thème perpétuel des admirations de mademoiselle Rose?

De plus, est-ce qu'on aurait, par hasard, oublié que l'esprit de contradiction a été soufflé dans notre limon originel en même temps que l'âme? Quel plaisir de ne jamais être du même avis que les autres! Ceci me semble noir, du moment que vous le dites blanc. Si vous venez à le trouver noir, il deviendra blanc pour moi. La lutte, l'opposition, c'est la vie, c'est le *to be or not to be*. Pauvre cœur humain, trop fidèle image du temple de Janus, toujours ouvert aux fureurs de la discorde et de la guerre, et que les douceurs de la paix et de l'union trouvaient inexorablement fermé !

Mieux donc vaudrait pour vous, ma chère fille, que votre maîtresse vous eût ou dénigrée, ou laissée dans l'obscurité. A moins pourtant qu'à force de vous cacher, vous ne parveniez à conjurer l'orage qui gronde sur votre tête.

Ouicht! L'éveil a été donné à la Jalousie. Or, après la Crédulité, qui nous a été si funeste dans la personne d'Ève, la Jalousie, dans celle de Caïn, a eu le funèbre avantage d'introduire sur la scène terrestre la danse macabre des passions. Pour tâcher de subtiliser à sa sœur les prérogatives du droit d'aînesse, en guise du plat de lentilles traditionnel, elle tient toujours à la disposition de son appétit de Gargantua un monstrueux assortiment de malveillances, de médisances, de calomnies, formidable olla podrida, dont la Crédulité se lèche les doigts avec délices.

Pauvre Germaine ! Pauvre Germaine !

. . . . . . . . . . . . . . . . . . .

. . . . . . . . . . . . . . . . . . .

Qu'on n'aille pas, au moins, me prendre pour un oiseau de mauvais augure, pour un prophète de malheur. Non, je ne suis ni un Ezéchiel, ni un Jérémie. Dieu, au contraire, m'est témoin que l'optimisme est pour moi la fatale tunique de Nessus, qu'on ne peut dépouiller sans s'arracher en même temps la peau. C'est pourquoi, fort douillet de ma nature, et braillant comme un âne à la moindre égratignure, je garde ce vêtement aussi longtemps que je le puis. Et l'imagination, cette autre infirmité de ma piètre individualité, venant, à son tour, en aide à mon désir naturel de trouver que tout est pour le mieux dans le meilleur des mondes possible, il s'ensuit que je passe une grande partie de mon existence à songer creux, à me bâtir un monde idéal, à me créer des êtres qui n'ont de réalité que dans mon cerveau.

*O ubi campi !*

S'écrie plus d'une fois mon optimisme, dans un enthousiasme bucolique, quand, du haut de Belleville ou de Montmartre, je vois en bas de moi ces plaines sèches et arides qui n'ont de verdoyant que les eaux croupies de quelques mares infectes, de végétatif que les mousses, les lichens, cryptogames parasites, disputant le terrain à ces avortons étiques, faméliques, filandreux, ligneux, fibreux, qu'on baptise, sur les marchés de la capitale, du nom pompeux de légumes.

*O ubi campi !*

rèpète, comme un écho acharné, mon imagination, qui, d'une voix enrouée et chevrotante, fait impitoyablement grincer à mes oreilles cette cantilène d'une ironique naïveté :

Rien n'est si beau
Que mon hameau.

Et moi, à mon tour, vrai mouton de Panurge, je me prends à rêver :

Si jamais je deviens assez riche pour vivre de rien, mon unique bonheur sera d'aller cacher dans quelque retraite champêtre mon reste de vie, libre, sage et dégagé de soucis.

La soupe aux choux, avec le fin morceau de lard le dimanche, des pommes de terre, ces succulentes truffes de l'homme des champs, un brin de fromage blanc, le tout arrosé de *boisson*, cet élixir de longue vie, qui, dans les officines de village, conteste à l'eau-de-vie de marc la gloire d'être le succédané du vin ; voilà qui redonnera à mon pauvre corps une de ces santés robustes, dont les mauvaises langues voudraient si sottement faire honneur au grand air, à l'exercice, à la régularité d'existence.

Je passerai des jours filés d'or et de soie, en compagnie de toutes les vertus des premiers âges, et choyé par la nature, cette plantureuse gouvernante :

> Allons, Nature, un peu de complaisance ;
> Mon lait de poule, et mon bonnet de nuit

Là je n'entendrai plus siffler les serpents de l'Envie. Là je ne verrai plus ni la Rapacité aux doigts crochus, ni l'Avarice au corps exténué par les privations volontaires, ni l'Agiotage escorté par les incertitudes poignantes et les navrantes déceptions, ni l'Usure aux yeux louches, aux pas clandestins, toutes allégories mythologiques, trop souvent renouvelées des Grecs, et grâce à Dieu, démonétisées partout, même au hameau, où pourtant on adore les vieux sous et les monnaies rouillées.

Barême lui-même, ce demi-dieu contemporain, ce guide-âne universel, cette machine à calculer, n'oserait hasarder en ces lieux fortunés ses placements interlopes, ses intérêts d'argent qui, chaque année, dépassent le capital.

Au village pas de forum retentissant des cris rauques de la chicane. A quoi bon les procès, quand tout le monde est d'accord, quand l'union et la bonne intelligence font de tous une même famille, quand personne n'espionne, par dessus le mur mitoyen, ce qui se passe à côté, quand enfin le cultivateur, en labourant, ne cherche pas à mordre sur le sillon du voisin.

Si la campagne a conservé le culte rétrospectif du dieu Terme, si l'on y rencontre encore des bornes, c'est uniquement pour l'ornement du paysage et l'agrément du paysan, accoutumé à puiser dans la contemplation assidue et réfléchie des merveilles de la création, le goût du beau, le sentiment de l'art, la passion de la poésie.

Aux champs, le beau a pour types, non l'épais Hercule Farnèse, aux épaules carrées, au cou de taureau, ni la déesse Isis au teint hâlé, aux traits massifs, à la démarche virile, aux mamelles qui n'en finissent pas, mais l'Antinoüs, l'Apollon du Belvédère, la Vénus pudique, ces éternels modèles de délicatesse.

Aux champs, l'art exhale un parfum de candeur, d'ingénuité, d'innocence, qui embaume la nature. La fleur virginale d'oranger élève son doux et blanc symbole au-dessus de la tête de toutes les filles. Aux champs, la poésie tient en réserve de pures et chastes épousées, des fiancés immaculés, qui n'ont pas, Voltairiens en brassières, appris leurs lettres dans l'Encyclopédie, mais qui ont trouvé au foyer domestique les exemples austères, les graves enseignements religieux, le respect du père et de la mère, ces *alter ego* de la divinité.

Aussi combien une pareille éducation répand d'aménité dans les mœurs, de liant dans les relations sociales, de bonne foi vraiment antique dans toutes les transactions! quel cachet de franchise, de droiture, de dignité elle imprime au caractère !

Quand la main périodique du temps ramène chaque année les fêtes patronales aux *bons villageois*, qui pourrait ne pas partager leur gaieté pleine de bonhomie, qui, loin de rappeler les obscènes saturnales et les orgies des Dionysiaques, a toujours pour compagnes la grâce et la décence? Qui, au milieu de l'allégresse la plus morale, oserait s'étonner de voir la sollicitude des mères assez confiante pour laisser aller seules leurs tendres filles à la danse rustique, malgré le voisinage des bois, si dangereux pour les constitutions faibles?

Oh! vertueux habitants des asiles champêtres, trop heureux, si vous connaissiez tout votre bonheur, que vous avez raison de tendre un cordon sanitaire entre vous et les bourgeois, ces pestiférés, qui vous apporteraient, avec l'immoralité, le fléau des lumières. Leur argent peut impunément franchir cette salutaire barrière; car il n'est pas contagieux. Mais pour les personnes, *retrò Satana!* C'est assez qu'il plaise à votre jeunesse d'aller disputer aux enfants des villes le pain quotidien. Ne permettez pas aux citadins, ces intrus, de venir mendier à votre porte quelques parcelles de cette terre qui est à vous, bien à vous, rien qu'à vous.

. . . . . . . . . . . . . . . . . . . . . . . . . . . . . . . . . . . . . . . .

Vous voyez bien, lecteur, que mes rêves ne sont pas d'affreux cauchemars, mais de riants mensonges, sortis par la porte d'ivoire.

Quand donc je m'évertuais, il n'y a qu'un instant, à vous faire part de mes appréhensions pour Germaine, ce n'était que parce que les oreilles me tintaient d'avance. Si vous ne croyez pas à mes pressentiments, écoutez vous-même ce qui se dit en ce moment, là, tout près de nous, dans cette espèce de pandémonium mercantile, dont la porte est précisément restée entr'ouverte :

— Vite, vite, mère Michonnet, pour deux sous de fromage, je suis si pressée! avec une chandelle des huit; c'est que mon lait est sur le feu.

— Tenez, ma fille; voilà votre affaire.

— Dites donc, mère Michonnet, est-ce que c'est la Germaine que je viens de voir tourner la ruelle?

— Probablement; elle sort d'ici.

— Pas grand'chose de bon encore celle-là, qui ne fraie avec personne, et évite même de venir au lavoir.

— Que voulez-vous? On en a toujours pour son argent. Quand on ne peut payer la marchandise son prix, il n'y a pas de choix; il faut prendre ce dont personne ne veut.

— Vous croyez ça, vous?

— Pardine! si je le crois! Comme si je n'en étais pas sûre et certaine, à telle enseigne que la Germaine me marchande pour deux liards, quoi? Et pourtant elle ne veut rien accepter de ce que je lui offre, de peur qu'elle n'aille dans cette épicerie borgne, où la femme vous fourre des trois quarts de chicorée dans le café moulu, qu'elle a le front d'appeler du moka; si c'est pas se moquer du bon Dieu!

— Eh bien, qu'est-ce que ça prouve?

— Ça prouve, ça prouve... que je suis bien sûre qu'elle y va en cachette, la Germaine, quand elle est obligée de prendre à crédit, vu que moi je n'en fais pas aux gens, sans les bien connaître... Mais de quoi avez-vous encore besoin ?

— Oh ! de rien ; je n'ai pas le temps en ce moment... Tenez, mère Michonnet, voulez-vous que je vous dise? Eh bien, vous êtes fameusement dans la route de travers, à l'égard de cette fille.

— Ah ! par exemple !

— Puisque je vous dis que c'est Marguerite qui l'a su de la voisine d'en face de chez eux.

— Bah !

— Oui, c'est une grippe-sou, une pince-maille, une fesse-Mathieu.

— Pas possible !

— Rien de plus certain. Si elle marchande ainsi, c'est pas pour ses maîtres, allez ; c'est pour arrondir son petit boursicaut. Pour sûr, elle a de l'argent placé à la caisse d'épargne.

— C'est donc ça qu'elle va à la ville tous les jours de marché.

— Oui, sous prétexte de faire ses provisions, elle court chaque fois ajouter quelque chose à son livret. Sans ça, est-ce que vous croyez qu'elle ferait tant de chemin, rien que pour de méchantes acquisitions ?

— Mais savez-vous que c'est diablement mal de tromper ainsi de si bons maîtres.

— Ah ! qu'ils n'en sont plus à se repentir de s'être affublés de cette pieuvre, qui les gruge, Dieu sait ! et qui doit leur coûter les yeux de la tête !

— (*Joignant les mains d'un air de profonde commisération.*) Dieu de Dieu ! Pauvre monsieur le Curé !

— (*A voix basse et confidentiellement.*) On prétend même que, pour combler ce gouffre, l'argent des quêtes ne suffit pas.

— Quelle abomination !

— Oui, quoiqu'on ne me l'ait pas dit, je gagerais ma tête qu'elle nourrit un quaterne à la loterie.

— Et quelle mauvaise cuisine elle doit leur faire manger ! Car figurez-vous qu'elle ne m'achète ni porc, ni choucroute, ni saucisses, enfin rien de délicat ; et pourtant tout cela, je ne le vends guère plus cher qu'à la ville.

— Dame, faut bien que les maîtres fassent maigre, quand la domestique fait son lard... Mais qu'est-ce que c'est donc que cette odeur de brûlé ?

(*Elle avance la tête en dehors de la boutique ; puis, en s'écriant :* Ah ! mon lait ! mon lait ! je suis bien sûre qu'il n'en restera pas une goutte ! *Elle court chez elle en toute hâte.*)

Allez, allez, mes bonnes âmes. Il paraît que la boutique de la mère Michonnet est une succursale du lavoir, où les langues acérées des commères vont retremper leur pointe émoussée, comme le forgeron de Saint-Etienne trempe l'acier homicide dans les eaux du Furens. Le cancan sera donc toujours une épouvantable avalanche, produite par la chute d'une misérable pierre.

Mais éloignons-nous en toute hâte de ces lieux maudits, pour revenir à notre presbytère.

Là, pendant que le Curé était allé dans le village, je ne sais pour quel devoir de son ministère, sa mère et sa sœur se trouvaient assises dans la cuisine, chacune d'un côté de l'âtre. Devant un feu discret et savamment disposé pour ne donner ni trop, ni trop peu de chaleur, le pot-au feu patriarcal, soigneusement écumé, salé avec goût et intelligence, amplement fourni de légumes et d'un bouquet garni, roulait sur ses bords de pacifiques bouillons, avec le calme d'une conscience honnête, à qui l'on n'a rien à reprocher. Germaine, debout devant son fourneau, le surveillait du coin de l'œil, tout en promenant un regard vigilant et sévère sur une casserolle, où déjà le beurre fondu poussait des plaintes mélancoliques. Ainsi César, le grand conquérant des Gaules, dictait plusieurs lettres à la fois.

Le tic tac monotone d'une vieille horloge en bois interrompait seul le silence de cet aréopage féminin.

« Comment ! trois femmes ensemble, et un silence complet ! »

— Oh ! pourquoi celui-là m'a-t-il interrompu ?

Vous m'êtes témoin, cher lecteur, qu'un corsaire inconnu est venu courir des bordées suspectes, pour me barrer le passage, au moment où, toutes voiles au vent, je voguais librement sur l'océan sans rivage de ma narration... Comment? ce procédé digne des temps barbaresques, n'excite pas votre indignation, ne provoque de votre part aucune réclamation en faveur du droit des gens si brutalement violé ! Illustre ingrat ! Quand on sué sang et eau, pour arracher un sourire à votre olympienne majesté, vous voilà, comme toujours, en arrêt sur votre pauvre auteur, espérant le surprendre en flagrant délit d'invraisemblance

Eh bien, puisque vous m'abandonnez, en ami que

vous êtes, je me défendrai seul, en disant carrément à mon bavard anonyme : « Monsieur, je vous prie, point de ces plaisanteries surannées, dont le moindre tort serait d'être ici gratuitement absurde. Sans votre intempestive interruption, vous auriez entendu s'échapper de mes lèvres la conjonction causative *car*, chargée d'expliquer surabondamment, bien que compendieusement, le motif du silence par vous incriminé. »

Après une réponse aussi pleine de fermeté, et de dignité en même temps, et que ne désavouerait pas le grammairien le plus pédantesquement féroce, je n'ai plus qu'à continuer mon récit :

Car la vieille dame, tout en filant sa poignée de chanvre, s'était assoupie, la tête penchée sur la poitrine, la main gauche étendue sur son genou, la main droite pendante à son côté, en compagnie de son fuseau. Sa fille, quoique bien éveillée, paraissait poursuivre une idée fixe à travers les capricieux méandres de l'odorante vapeur qui s'échappait de la marmite ; et la digne servante, en marmottant entre ses dents quelque bout de prière, calculait, avec la précision d'un géomètre, les proportions exactes d'une sauce piquante.

Si quelqu'un eût pu lire dans le cœur de mademoiselle Rose, il y aurait surpris une lutte des plus vives entre le vouloir et ne pas oser, qui est le propre des organisations timides et habituées à la résignation. En termes plus clairs, quoique plus prosaïques, fermement décidée à résoudre, vis-à-vis de Germaine, la question des gages toujours réservée jusqu'ici — langage parlementaire, — elle hésitait à l'aborder, pour des motifs à elle connus.

Enfin, à bout de beaux raisonnements, et dans la crainte que, à force de vouloir et de ne pas oser, elle ne finît par ne plus même oser vouloir, ou, ce qui eût été encore pire, par ne plus vouloir oser, elle prit, comme on dit, son courage à deux mains, se leva de son siége, et s'approcha tout doucement du fourneau, où l'adepte inspirée de Comus procédait avec recueillement à l'opération délicate de sa liaison. Puis, usant d'une manœuvre bien connue en diplomatie, qui consiste à entrer résolûment dans les préoccupations d'autrui, pour empêcher autrui de mettre le pied dans les vôtres, elle se décida à affronter le terrible quart d'heure de Rabelais :

— Eh bien, ma bonne Germaine, viendrez-vous à bout de cette fameuse sauce, dont vous seule avez le secret, et qui fait trouver si exquise à mon frère la poitrine de mouton grillée?

— M'y voici bientôt, Mademoiselle; encore quelques bouillons, et tout sera pour le mieux. Mais, en vérité, monsieur le curé est bien bon d'attacher quelque prix à ma méchante cuisine.

— Comment donc, chère enfant; c'est nous qui devons vous remercier d'avoir su, par vos bons soins, lui rendre appétissante une nourriture substantielle, quand il voudrait se contenter d'un morceau de pain avec un peu de laitage et des fruits.

— Ça, c'est vrai que Monsieur n'est pas difficile sur le manger... Cependant, quand on se fatigue, comme lui, à bien remplir sa tâche, on a besoin d'aliments plus fortifiants.

— Voilà ce que nous lui disions en vain tous les

jours, avant que vous ne fussiez entrée ici. C'est donc à vous qu'il doit l'amélioration de sa santé.

— Moi, je crois plutôt qu'à brebis tondue Dieu ménage le vent, comme on dit chez nous.

— Je le veux bien encore, puisque c'est ce vent de la Providence qui vous a poussée jusqu'ici.

— Aussi j'en remercie le ciel chaque matin ; car on ne rencontre pas tous les jours des maîtres comme vous.

— A propos, n'est-ce pas aujourd'hui le 12 juin?

— Mais je pense que oui ; car c'était hier la Saint-Barnabé, qui tombe toujours le 11 ; je me le rappelle bien... c'était le patron de mon honoré père.

— Mais si je ne me trompe, il y a aujourd'hui juste un mois que mon frère vous a conduite ici.

— Croyez-vous? Déjà un mois ; il me semble pourtant que c'était hier. Je l'entends encore, votre respectable frère, m'aidant tout le long de la route, par ses douces exhortations, à supporter mon chagrin.

— Mais rappelez-vous aussi que, en vous emmenant, il est convenu avec vous que vous fixeriez vous-même les conditions des...

— Pardon, Mademoiselle, si je vous interromps ; mais je m'aperçois que ma sauce bout trop vite. Il me faut mettre un peu de cendre sur mon charbon... Bien ; maintenant on peut la laisser mijoter.

— Voyons... Quinze francs vous semblent-ils... suffisants?

— Mademoiselle...

— Eh bien, mettons... dix-huit francs.

— Mademoiselle...

— Je vois que... vingt francs ne seraient pas de trop... Va donc pour vingt francs.

— Mademoiselle, pas plus vingt francs, que dix-huit, que quinze.

— Alors, que voulez-vous donc?

— Vous me permettez de vous parler sans que cela vous fâche?

— Je vous en prie.

— Eh bien, Mademoiselle, ce ne sera rien du tout.

— Comment, rien du tout? Qu'entendez-vous par là?

— Oh! Mademoiselle, n'allez pas vous fâcher, vous si douce et si bonne.

— Moi, me fâcher contre vous!

— C'est que je crains tant de vous déplaire. Que serai-je, s'il me fallait quitter d'ici?

— Mais expliquez-vous de grâce.

— Mademoiselle, rien n'est plus simple : quand le bon Dieu a mis monsieur le curé sur mon chemin, j'allais me rendre au couvent, pour servir les sœurs

— C'est bien, en effet, ce que m'a râconté mon frère.

— Or, si j'y fusse entrée, m'aurait-on donné des gages?

— Ce n'est pas, je le sais, l'usage au couvent.

— Et pourtant là je n'aurais fait que chercher à être agréable au bon Dieu. Peut-être n'aurais-je pas trouvé de cœurs sympathiques, ouverts, toujours prêts à verser sur mes maux le baume des pieuses consolations.

— Il est vrai que votre conduite et votre dévouement vous ont concilié notre estime et notre attachement.

— Si donc une pauvre domestique a été assez heureuse pour s'attirer tant de preuves d'intérêt, qu'a-t-elle à demander de plus, surtout quand on ne la laisse manquer de rien.

— Mais enfin tout travail mérite salaire; et, quoique nous ne soyons pas riches, cependant...

— Ah! si monsieur le curé était riche, est-ce qu'il en resterait davantage dans sa bourse à la fin de l'année? Et une fois qu'il la trouverait vide, pourrait-il s'empêcher de donner ses hardes, comme il le fait souvent.

— Pouvez-vous supposer, Germaine...

— Mademoiselle, je dis la vraie vérité, sans rien supposer. Tenez, pas plus tard que la semaine dernière, quand un vieil indigent est venu ici les pieds nus, croyez-vous qu'il soit reparti les mains vides? Vous n'avez qu'à compter le linge et la garde-robe de Monsieur; vous verrez qu'il y manque encore quelque paire de bas, quelque chemise, quelque gilet.

*(Ici la sœur détourne la tête, pour essuyer furtivement une larme).*

Et vous voulez que moi, j'accepte de l'argent qui me serait inutile, quand mon bon maître se prive du nécessaire? mais ce serait me prendre pour un brigand, un scélérat, un monstre! Allons, Mademoiselle, ne parlons plus de tout ceci; car je vois que je vous fais de la peine.

— Oui, je souffre de l'idée que mon frère ne pourra jamais accepter pareille chose. Je connais sa délicatesse, et...

— Et moi, tout humble que je suis, n'ai-je pas

aussi ma délicatesse?... Tenez, puisqu'on a consenti à me permettre de faire mes conditions, les voici : je ne recevrai pas de gages, tant que Monsieur le curé voudra bien me garder à son service... Mais je m'aperçois qu'en bavardant ainsi, j'ai laissé mon feu s'éteindre. Ma sauce ne vaudra rien ; Monsieur se dégoûtera de la poitrine de mouton grillée, et alors adieu sa santé !

— Oh ! sainte fille !... donnez-moi votre main... La santé de mon frère nous est si précieuse à tous !

— A la bonne heure ! Ce que vous me destiniez, sera donné aux pauvres. Nous ferons ainsi le bien en compagnie, moi par l'intention, vous par le fait ; et, de cette façon, la sauce sera toujours bonne, et la poitrine de mouton appétissante. »

## III

### Parabole de l'enfant prodigue.

Et l'on revient toujours
A ses premiers amours.
(*Joconde*, opéra.)

La rude Nécessité, de son doigt de fer, lui avait imprimé sur le front cet anathème légendaire : « Marche ! marche ! » La voix prophétique de l'austère Bossuet lui avait crié : « Marche ! marche ! » Et il marchait, il marchait, il marchait à travers la campagne, l'homme au manteau gris.

Et par la pluie, par la neige, par les ardeurs d'un soleil tropical, au milieu des vapeurs brumeuses du matin, à travers les indomptables rafales de l'ouragan, sous les étreintes glaciales de l'hiver, le jour, la nuit, dans les chemins fangeux, sur les routes poudreuses, partout où peut se poser un pied humain, il cheminait, cheminait, cheminait, l'homme au manteau gris.

Et, quand quelque âme charitable lui disait, en le voyant tout en sueur, tout ruisselant d'eau, ou tout hérissé de givre : « Comme vous voilà fait, père Nicolas ! Entrez donc prendre un petit verre, » il entrait, et toujours en courant il buvait, buvait, buvait, l'homme au manteau gris.

Ou bien s'il passait devant une porte ouverte, au moment du repas, et qu'on lui tendît, sans plus de façon, une bonne assiettée de soupe, sans jamais s'asseoir il avalait, avalait, avalait, l'homme au manteau gris.

Mais, avant de le voir pénétrer au cœur de notre récit, vous êtes, je le devine à votre air préoccupé. désireux de savoir ce qu'est au juste l'homme au manteau gris.

Votre curiosité *part d'un bon naturel*. Si j'avais l'honneur d'être un romancier fieffé, peut-être vous dirais-je que c'est la seconde incarnation du Juif-Errant, traîtreusement mis à mort par le chemin de fer, au mépris des arrêts inflexibles du Destin. Mais je ne suis qu'un chétif historien, assez ridicule pour me croire naïf et sincère. Je dois donc me borner à vous apprendre l'exacte vérité sur le compte de celui qui a eu la bonne fortune d'attirer votre attention. Du reste, rien n'est plus simple. comme vous allez le voir.

L'homme au manteau gris est bien la meilleure pâte d'homme qui se puisse rencontrer, de Paris en Normandie, exclusivement, quoiqu'il porte avec lui cette fameuse boîte de Pandore, fatal cadeau que la gracieuseté des dieux antiques nous a légué à perpétuité.

Le gaillard jouit d'une santé des plus florissantes ; il a le teint frais, le visage vermeil ; un sang pur et généreux circule dans ses veines, pour distribuer dans toute l'économie de son corps robuste la vie, le bien-être, et pourtant il ne lui arrive que trop fréquemment de répandre autour de lui la peste, le choléra, les fièvres indomptables qui déciment l'humanité.

Sans malice, comme l'enfant à la mamelle, pacifique autant que feu Richard Cobden, autant que l'unique canon de cette république de Saint-Marin, invisible à l'œil nu, vous l'accueillez sans défiance, la tête encore coiffée du bonnet de coton de la sécurité, et pourtant, quand il a relevé son manteau, vous en voyez parfois tomber la guerre, tel que jadis le grand Fabius la secouait, du pan de sa toge, sur le sénat de Carthage.

Econome, rangé, tempérant, d'une conduite exemplaire, excellent père, époux fidèle, qui de nous hésiterait à lui confier sa femme ou sa fille, voire même son argent, et pourtant sur son cœur il couve les passions les plus dissolues, les plus hideuses, les plus effrénées, l'adultère, les trahisons, l'hypocrisie, la luxure, le mensonge, grouillant là pêle-mêle, comme autant de vipères entrelacées les unes dans les autres.

Le vénérable Béranger n'était pas moins solliciteur, moins intrigant que lui, et pourtant il trouve moyen de pénétrer jusqu'au seuil des palais, jusqu'à l'antichambre des ministres, ce réservoir banal d'où découlent les grâces, les faveurs et un torrent de décorations. La porte des châteaux les plus féodaux, des hôtels les plus insolents s'ouvre devant lui tout aussi facilement que l'humble chaumière ; il se glisse partout.

Quand il parle son patois épais, incolore, nauséabond, on le prendrait pour un lourdaud venu en droite ligne de Béotie, et aussi peu lettré que maints auteurs de feuilletons, et pourtant il dissémine çà et là l'esprit, la grâce, l'atticisme, d'aventure même le génie.

Pauvre, il apporte l'aisance, et, sans un sou dans sa poche, trouve souvent le moyen de vous rendre millionnaire.

Que de fois, cependant, après lui avoir amicalement tendu la main, on voudrait ne l'avoir jamais rencontré sur son passage.

Ce personnage fantastique, que l'imagination délirante d'Hoffmann aurait à peine osé rêver, ce magicien qui anéantit les distances, rapproche les nations, met un trait-d'union entre les hémisphères, — le croira-t-on? — ignoré de l'antiquité, les âges modernes seuls l'ont vu naître et grandir. M^me^ de Sévigné soupirait après lui, dans sa sollicitude maternelle pour la belle M^me^ de Grignan; et, depuis l'invention de la locomotive, le monstre enflammé le lance sans miséricorde dans toutes les directions, comme la bouche à feu vomit la mitraille.

Eh bien, cet homme sensible, compatissant, qui fait avec indifférence couler bien des larmes, provoque de poignantes insomnies, trompe les attentes les plus fiévreuses, répand la bave de la calomnie, distille le venin de l'anonyme, sème d'une main également inconsciente la joie et le désespoir, l'amour et la haine, la naissance et le suicide, va distribuant d'un œil sec les maladies, les douleurs, la mort, cet homme, dis-je, après tant de misères, d'infamies, de forfaits, revient tranquillement au logis goûter le sommeil du juste.

Maintenant que vous voilà parfaitement édifié sur l'homme au manteau gris, vous allez le voir mêlé, comme l'inexorable fatalité, aux intérêts les plus respectables.

. . . . . . . . . . . . . . . . . . .

. . . . . . . . . . . . . . . . . . .

Le prote chargé de l'impression de mon manuscrit a jugé à propos d'en égarer, de son autorité privée, un feuillet, qui, je puis vous le dire, maintenant que le voilà à tout jamais perdu pour vous, était des mieux réussis.

Seulement, entre nous, — car je soupçonne véhémentement le typographe d'avoir l'indiscrétion de lire ce qu'il imprime, — je crois ici à une insigne mauvaise volonté de sa part : imaginez-vous qu'il ne cesse de me harceler de sornettes pareilles à celles-ci : « Du train dont vous y allez, sempiternel auteur, jamais le lecteur n'aura la patience de vous suivre jusqu'au bout de votre histoire. » Et puis : « Pour sûr il vous faussera compagnie, à force de vous voir sans cesse le tenir, comme on dit, le bec dans l'eau. » Et puis encore : « Vous pouvez compter qu'il vous tournera le dos, sans plus de façon, si vous continuez ainsi à lui faire deviner des énigmes et des logogriphes. N'a-t-il pas assez de tout ce qu'il entend ressasser sur tous les théâtres, à toutes les tribunes, dans toutes les chaires du monde. » Et patati, et patata.

Vous, m'abandonner ainsi ; je n'en crois rien. Vous avez pour cela trop de courtoisie, trop de charité, peut-être le besoin trop irrésistible d'un somme après votre dîner, le seul moment qu'on ose consacrer à de frivoles lectures ; aussi sans m'arrêter à ces malicieux propos de mon imprimeur, je viens vous dire succinctement ce que contenait le feuillet en question :

Après vous avoir félicité de votre rare sagacité à saisir dès les premiers mots ce que je m'étais efforcé de vous rendre aussi clair que le jour, aussi limpide que l'eau de pure Seine dont vous vous abreuvez, je vous faisais part, en termes non moins explicites, d'un changement de domicile. Je vous disais que, après un purgatoire de douze mortelles années, stoïquement enduré à Brienne-la-Ville, la bienveillance de Monseigneur nous avait fait quitter cette commune, pour transporter nos pénates et nos bonnes œuvres à Fontaine-Mâcon, près Nogent-sur-Seine, où nous étions installés depuis bientôt deux ans.

Vous ne vous étonnerez donc pas si ici nous nous trouvons plus vieux de quatorze printemps ; car nous voici en 1834.

A présent que j'ai rempli, tant bien que mal, une lacune à jamais regrettable, je ne vois aucun inconvénient pour mon récit à ce que vous nous suiviez dans notre nouveau presbytère.

Là l'existence était paisible et riante; une douce quiétude de cœur et d'esprit répandait sur tous les visages un rayon de satisfaction, parti de l'âme ; chacun se sentait penser, parler, agir en présence du Seigneur.

Qui sait si déjà vous ne vous attendez pas à voir, d'un œil résigné et distrait, votre artiste inspiré vous présenter un crayon large et fidèle de ce lieu de calme, de silence et de paix, où, chaque heure ramenant invariablement avec elle sa même occupation, la monotonie était devenue une condition du bonheur? Qui sait si vous n'avez pas sur les lèvres :

« Je saurai, s'il le faut, victime obéissante,
Tendre à votre récit une oreille innocente ? »

Eh bien, s'il en est ainsi, l'intention étant par moi réputée pour le fait, je n'abuserai pas de vous, et ne ferai qu'esquisser en passant un coin, rien qu'un coin de cette habitation bénie :

C'était au fond du jardin, qui s'étalait coquettement, tout parfumé de fleurs, derrière l'humble maison. Une fraîche allée de tilleuls, soigneusement entretenue, aboutissait à l'entrée d'un petit bosquet de lilas, bien touffu, bien diapré de belles grappes blanches ou violacées, et entremêlé de faux ébéniers aux fleurs pleurantes, et de chèvrefeuilles, dont les rameaux capricieux allaient semant çà et là leurs touffes de fleurs roses au milieu du vert feuillage. Un étroit sentier dirigeait ses gracieuses sinuosités vers un réduit circulaire, où deux bancs s'étalaient autour d'un petit tertre de gazon, servant de base à une modeste statue de la Vierge. C'était là que, le matin ou dans la soirée, la mère et la sœur du curé aimaient à passer quelques instants dans la prière ou la méditation. Il est si doux de penser au bon Dieu, à la face de cette voûte céleste, qui raconte sa gloire. On se sent plus près de son créateur. Ce lieu retiré formait, si j'osais me servir ici d'une expression profane, comme le boudoir de la piété ; et, quand ces cœurs aimants s'y recueillaient, le digne ecclésiastique se gardait d'y pénétrer, d'abord par discrétion, ensuite par humilité chrétienne, et pour ne pas entendre son nom mêlé à de tendres oraisons.

Ce bout de descripion me paraît suffisant. Si même je me suis oublié à attirer l'attention sur cette sainte demeure, ce n'a réellement été que par pure compassion, et pour différer quelque peu le triste récit qui va suivre.

En effet, j'ai vu, avec un serrement de cœur involontaire, notre homme au manteau gris se diriger de ce côté, et cela, jusqu'à trois fois différentes, à des intervalles de temps assez rapprochés.

A sa première visite, — mes pressentiments ne m'avaient pas trompé — le front de Germaine, si serein d'ordinaire, se couvrit d'un nuage de mauvais augure ; son humeur se rembrunit, et elle faillit manquer le mets favori de son maître.

La seconde apparition de l'homme fatal fut encore plus funeste à la servante : de rêveuse qu'elle était d'abord, elle devint triste, taciturne, sombre ; il semblait qu'il fît maintenant nuit dans ce cœur si doucement éclairé par le reflet d'une conscience sans tache. Elle se troublait, et craignait, en s'interrogeant, d'entendre quelque voix secrète briser son bonheur. On eût dit d'un enfant poltron égaré le soir dans un bois, qui n'ose appeler à son aide, de peur que l'écho de sa voix ne réponde à ses cris. Elle soupirait, pleurait en cachette, et — faut-il le dire ? — deux jours de suite le lait du déjeuner tourna sur le feu !

Enfin, pour comble d'infortune, le perfide *jettatore* étendit la sombre influence de son doigt maudit sur le pauvre curé lui-même. Oui, le fort, l'inébranlable, le *vir tenax propositi* fut atteint à son tour, au moment où il s'y attendait le moins. Aussitôt après que l'homme au manteau gris eut, pour la troisième fois, mis le pied au presbytère, le bon ecclésiastique se sentit mal à son aise ; il pâlit ; un frisson lui courut par tout le corps. Il laissa interrompu le sermon commencé pour le dimanche suivant. Un papier à la main, sans égard pour l'inviolabilité acquise au sanctuaire féminin, il dirigea ses pas chancelants vers le bosquet de lilas.

Son apparition soudaine en ce lieu produisit sur sa vieille mère et sur mademoiselle Rose l'effet de la tête de Méduse. Décrire la scène qui se passa alors entre ces trois êtres, confondus entr'eux par une seule et même pensée, un seul et même cœur, serait une tâche au-dessus de mes faibles moyens. Ma plume se briserait, et le lecteur n'en saurait pas davantage. C'est donc à celui-ci, pour peu qu'il soit curieux, de me remplacer à l'aide de son imagination. Ce sera pour moi de la besogne toute faite, et cette fois bien faite. Moi, libre de tout souci sur ce point, je poursuivrai ma route, en lui apprenant que, au sortir d'une conférence des plus lamentables, nos trois personnages s'acheminèrent lentement, en silence, les yeux baissés, vers la maison, où ils se renfermèrent dans le cabinet de travail. Puis, après s'être donné quelque temps, pour se remettre d'une émotion trop visible, monsieur le Curé se décida à appeler sa servante; et, s'efforçant de rassurer sa voix, il lui dit d'un accent empreint de tristesse et de douceur :

— Germaine, n'avez-vous pas reçu dernièrement des lettres de chez vous?

Germaine, d'abord un peu interdite, répondit avec quelque hésitation, et le regard fixé en terre :

— Oui, monsieur le Curé... C'est ma sœur qui m'écrivait...

— Lui avez-vous répondu?

— Non.

— Et pourquoi?

— Elle me demandait quelque chose d'impossible.

— Hum! Etes-vous bien sûre que cela fût impossible?... Par exemple, quand il s'agit de remplir un devoir, tout n'est-il pas possible?

— Mais, est-ce que c'est pour moi un devoir de...

*(Ici, les paroles expirèrent sur ses lèvres.)*

— Voyons, Germaine, vous avez, j'espère, quelque confiance en moi.

— Ah! monsieur le Curé, pourriez-vous en douter?

— Alors, écoutez-moi... et surtout avec calme.

*(Sa voix commençait à perdre de son assurance.)*

Vous êtes une fille dévouée. Chaque jour, nous avons pu apprécier davantage vos excellentes qualités. Aussi c'était devenu pour nous une habitude de vous considérer comme de la famille.

*(Des larmes viennent aux yeux de l'humble servante.)*

Hum! Néanmoins, il est dans la vie des circonstances où, malgré nos sympathies... quand Dieu parle... il faut... Tenez, voici une lettre qui m'est écrite par votre sœur.

*(Il tend la lettre à Germaine, qui, sans la lire, promène sur la famille un regard d'inquiétude.)*

N'ayant pas reçu de réponse à celles où elle vous priait instamment de vous rapprocher d'elle, et de vous placer chez le curé de votre commune, elle a pris le parti de s'adresser à moi, pour vous décider à profiter de cette bonne occasion... Vous comprenez qu'un désir aussi légitime nous impose l'obligation de lui répondre.

*(Ici, Germaine joint ses mains d'un air suppliant.)*

Hum! Ce n'est, croyez le bien, qu'avec regret,

qu'avec un chagrin réel, que nous vous quitterons.

(*Germaine, d'une voix navrée*) :

— Ah ! monsieur le curé, serait-il possible ! Dieu me punirait-il ainsi de ne vous avoir pas assez bien servi !

— Que dites-vous là, Germaine? Vous, nous avoir mal servis !.. Au contraire, ma fille, bien au contraire... Mais il faut se faire une raison... Les pleurs de ma mère et de ma sœur vous prouvent toute la grandeur du sacrifice que nous nous imposons. C'est à vous, ma chère enfant, de nous imiter... Soyez en sûre, Dieu vous tiendra compte de votre obéissance, si vous allez, sans murmurer, là où il veut vous envoyer.

La vieille Dame et mademoiselle Rose prennent chacune la main de Germaine, comme pour lui donner du courage, et le Curé, sans avoir l'air de s'apercevoir du profond désespoir de celle-ci, continue :

— Allons, ma bonne Germaine ; hum ! voici qui est convenu : je vais répondre de suite à votre sœur que votre amitié pour elle vous a décidée à accepter son offre, et que vous partirez dès demain pour aller occuper la place en question.

Le brave homme aurait pu parler tant qu'il aurait voulu, Germaine n'était plus en état de l'entendre ; toutes ses idées couraient éperdues, se confondaient, tournaient dans son cerveau, comme autant de brebis effarées, sans qu'elle fût capable de les ramener au bercail. Aussi ses deux maîtresses la reconduisirent toute tremblante dans sa chambre, pendant que son maître se disposait à rendre la réponse qui devait consommer son œuvre d'abnégation.

Qui de nous, si l'on veut bien fouiller dans les souvenirs de son passé, n'a compté dans sa vie quelqu'une de ces crises fiévreuses, où jette une résolution magnanime, l'héroïsme du sacrifice, ou la voix austère du devoir. Tant que ces nobles sentiments, qui font l'homme en l'élevant au-dessus de lui-même, sont là debout dans le cœur exalté, on se trouve fort, on lutte avec acharnement. Ainsi combattaient les guerriers d'Homère, quand ils se sentaient soutenus par quelque divinité invisible. Mais lorsque, une fois rentrés dans le calme de leur tente, après avoir déposé l'armure qui les avait rendus invincibles, ils se voyaient seuls en présence de leur captif étendu à terre, lorsqu'il s'agissait de mettre la dernière main à leur œuvre de destruction, en immolant froidement un malheureux vaincu, ils hésitaient, la main leur tremblait, et ce n'était qu'en détournant les yeux qu'ils frappaient un dernier coup. Tels nous trouve tous, tant que nous sommes, le moment qui suit la bataille de l'honneur. Le courage faiblit; les fermes intentions ne sont plus que défaillantes. On se cherche, sans oser se retrouver.

Voilà précisément l'état de notre cher curé, quand il se fut assis en face de son écritoire. Son esprit encore tout bouleversé lui refusait les idées ; sa mémoire troublée lui marchandait les mots les plus simples ; il n'était pas jusqu'à sa plume rétive qui ne se cabrât de ci, de là, comme un cheval indocile, au lieu d'aller droit son chemin. Enfin, le sang-froid vint au secours du piteux écrivain ; la résignation acheva ce que le sang-froid avait commencé. La lettre, une fois rédigée, pliée et cachetée, fut, pour plus de sûreté, et de peur qu'elle ne s'égarât en route, remise dans la boîte par le ministre, et partit le soir même pour sa destination.

Mais ce n'était pas tout encore; il fallait que Germaine la suivît le lendemain.

La pauvre fille, une fois seule, après avoir bien promis d'être raisonnable, s'était mise, en pleurant, à faire ses apprêts de départ. Son mince trousseau entassé au hasard dans une petite malle de bois blanc, elle s'était jetée à genoux devant son lit, pour dire sa prière, la dernière, hélas! qu'elle devait adresser au bon Dieu dans cette maison. Mais, malgré tous ses efforts pour se recueillir en présence de son Créateur, sa pensée redescendait sans cesse sur terre. Les quatorze années, si doucement et si vite écoulées au sein de la bienveillance et de l'amitié, passaient et repassaient obstinément devant sa mémoire. En s'adressant au Père céleste, pour se soumettre à sa volonté sainte, et lui demander le pain quotidien, elle ne pouvait s'empêcher de trouver celui-ci bien amer. Quand venait le tour de la Vierge Marie, son imagination errait, comme une âme en peine, autour de cette image vénérée du bosquet de lilas, devant laquelle elle s'était si souvent agenouillée, en compagnie de ses chères maîtresses. A toutes les croyances qu'énumère le Symbole des Apôtres, elle ajoutait involontairement, et le cœur bien gros, un article de foi en faveur de la parole infaillible de son maître. Ensuite, en se frappant la poitrine avec douleur, elle s'avouait humblement coupable en pensées, paroles, actions et omissions, à l'égard de ceux qu'elle allait quitter. Peu s'en fallut même que leur nom ne trouvât furtivement place dans ses litanies du soir. Bref, ce fut une prière en partie double. Mais Celui qui sonde les reins et les consciences, put-il faire un crime à la pieuse distraite de lui avoir associé des êtres qui ne vivaient qu'en lui? Quoi qu'il en soit, la naïve servante crut avoir fait sa prière comme de coutume, et se coucha... pour ne pas fermer l'œil de la nuit.

Le matin, en descendant de sa chambre, elle trouva sur la table de la cuisine une excellente tasse de café au lait, qui s'était préparée elle-même, et, à côté, un tout petit paquet, sur l'enveloppe duquel une main invisible avait tracé ces mots : « A la bonne Germaine, en souvenir de son séjour à la cure. » Le papier contenait un chapelet bien simple, rien autre chose; mais ce chapelet, béni et indulgencié par S. S. le Pape, était pour toute la famille un objet de prix et de vénération.

A cette vue, le cœur de la servante saigna de nouveau; un torrent de larmes s'échappa de ses yeux, et quand ses maîtres entrèrent, elle ne put que se jeter à leurs genoux, sans proférer une parole. Pendant que les bonnes dames s'empressaient de la relever et de l'embrasser cordialement, le Curé se hâta de prévenir une attaque d'attendrissement par ces paroles d'adieu :

« Ma chère fille, que le Seigneur soit toujours avec vous. Je le prierai de vous maintenir là-bas dans les mêmes dispositions que vous avez apportées ici. Peut-être sera-ce pour vous une consolation d'apprendre la décision prise cette nuit par ma mère et ma sœur : votre place dans la maison ne sera pas occupée par d'autres, tant que la Providence leur permettra de se suffire à elles-mêmes. Plus tard, si des circonstances qu'on ne peut prévoir, vous faisaient quitter votre nouvelle condition, je n'ai pas besoin de vous dire que, en quelque endroit que nous soyons, nos bras vous resteront toujours ouverts... Hum ! Adieu donc, mon enfant, et ne nous oubliez pas dans vos prières. »

Clic ! clac ! clic ! clac ! Dieu merci il était temps. Sans cet avertissement saccadé, si à propos donné du dehors par la voix sifflante d'un fouet, je ne sais trop ce que serait devenue la fermeté larmoyante du fénelon rustique, qui, réduite aux abois, commençait à plier bagage. Clic! clac! clic! clac! Celui-ci, comprenant cette traduction sonore du *claudite jàm rivos. pueri*, céda bien volontiers la parole à une charrette enrouée, qui promenait lourdement de ce côté la sauvage harmonie de ses roues grinçantes. Arrivé devant la porte du presbytère, le véhicule fit mine de s'arrêter, comme pour assister à l'altercation qui venait de s'élever entre son automédon et son attelage. Enfin, après force épithètes mal sonnantes, force menaces réalisées par avance, force imprécations aussi nécessaires pour obliger un âne à s'arrêter, que pour le décider à se mettre en marche, une trêve parut conclue entre les deux partis. Alors un choc formidable de sabots contre le pavé annonça que le cocher était descendu de son siége ; et l'on vit apparaître à la porte de la cuisine une espèce de baliveau humain, long, maigre, sec, efflanqué, fluet, d'une seule venue, vêtu d'une espèce de blouse en vieille toile bleue, assez courte et assez étroite pour lui servir, suivant le besoin, de veste, de gilet ou de spencer, mais, en revanche, orné par la munificence de la nature d'une paire de bras, qui lui descendait jusqu'au dessous des genoux : c'était le père Jean-Louis, factotum sans emploi du village, et sacristain à ses moments perdus ; juste assez d'intelligence pour ne pas occuper la dernière place dans la classification des êtres animés, celle des zoophytes.

Pour avancer, notre homme fit deux pas en arrière ; puis il porta respectueusement la main gauche à son bonnet de laine noire, qu'il n'eut garde d'ôter, et, de la droite, étendant son fouet dans la direction de la rue, il balbutia d'une voix de stentor : « Me v'là, m'sieu l'Curé. »

Ces seuls mots retentirent comme la foudre à l'oreille de chacun des assistants. Courage, stoïcisme, résolution, tout allait être remis en question, quand la présence d'esprit du père Jean-Louis sauva tout. Car j'ai oublié de vous dire, en vous présentant un rapide croquis du brave homme, qu'il avait un cœur, la seule partie de son individu qui sût comprendre. Voyant donc le danger de la position, avec le coup d'œil rapide d'un profond tacticien, il se hâta, sans consulter personne, de mettre la petite malle sur son épaule, prit Germaine par la main, et l'entraîna, grâce à une manœuvre stratégique des plus habiles, jusqu'à la charrette, où bagage et servante furent pêle-mêle placés par lui sur le banc de devant. Alors, se hissant à son tour sur le marche-pied, il adopta pour siége le brancard, et tira les guides à lui ; fouet, épithètes, menaces, imprécations ayant retenti de nouveau, le baudet finit par se convaincre de l'inutilité d'une plus longue résistance. Il coucha donc sournoisement les oreilles, prit la mine la plus rechignée qu'il lui fût possible, puis avec un air d'insigne mauvaise volonté, et comme en désespoir de cause, se mit, en trottinant de droite et de gauche, à festonner la route de Nogent-sur-Seine.

Ai-je besoin d'ajouter que, de part et d'autre, un dernier adieu fut arrosé de larmes abondantes, et que, au moment où le détour du chemin eut fait disparaître charrette et gens, la porte du presbytère se referma silencieuse, comme si l'isolement fût resté seul au logis.

Le lendemain matin, quand le Curé se rendit à l'église, pour y dire sa messe, il entra dans la sacristie, sans regarder son homme lige, qui, les bras ballants, se promenait devant le chœur, comme un factionnaire sous les armes. De son côté, le père Jean-Louis ne parut pas reconnaître le ministre de Dieu, quand, revêtu de ses ornements sacerdotaux, celui-ci vint se placer près de lui, au pied de l'autel. Rien donc ne fut de nature à les distraire dans l'exercice de leurs fonctions respectives. Les répons, qui ne se firent pas attendre une seule minute, furent de la plus irréprochable orthodoxie. Les burettes sacramentelles en verre, présentées dans l'ordre hiérarchique de la liturgie, ne donnèrent pas de sérieuses inquiétudes pour leur fragile existence. Il n'est pas jusqu'aux cierges réfractaires qui, cette fois, se prêtant de bonne grâce à la circonstance, consentirent à faire briller jusqu'à la fin leur mystique emblème. Bref, l'office s'acheva dans le recueillement le plus absolu, sans aucune préoccupation des choses de la terre.

Mais quand, une fois rentré dans la sacristie, le petit homme de Dieu se trouva en présence de son grand acolyte, qui l'y avait suivi, tous deux se regardèrent, comme s'ils se voyaient pour la première fois depuis la veille. Un soupir s'échangea entre eux, suivi de ces simples mots :

— Eh bien, père Jean-Louis ?

— Ça y est, m'sieu l'Curé ; j'sommes arrivés à temps pour le départ de la diligence de Troyes.

— Merci, mon ami.

Là-dessus, chacun se tut. Le ministre sortit de l'église en se signant ; le sacristain la ferma derrière lui en maugréant. L'un prit à droite dans le village, l'autre à gauche, et tout fut dit.

Mais, que faites-vous donc là-bas, messieurs et mesdames ? Vous vous levez, Dieu me pardonne ! pour vous en aller. Croyez-vous donc, comme ces honnêtes paysans assis au spectacle, la pièce terminée, parce que le rideau descend sur la scène. Restez, de grâce, sur vos bancs, illustres auditeurs, jusqu'à ce que vous entendiez le *Plaudite cives*, ce couplet au parterre de la comédie ancienne.

Vous vous étiez, je le vois, imaginé que tout était désormais fini pour notre modeste héroïne, et que son absence n'avait plus que de longs et inutiles regrets à laisser dans la maison quittée par elle. Détrompez-vous ; l'homme au manteau gris, cet employé subalterne de la haute administration qui a nom Providence, va vous prouver que rien ne sera fini ici-bas tant qu'il marchera.

En effet, six semaines à peine s'étaient écoulées depuis le départ de Germaine, qu'un beau matin il frappa de nouveau à la porte de la cure, la vit s'ouvrir devant lui, et, après avoir, là, comme partout, automatiquement accompli sa mission, se retira, aussi impassible que dans ses précédentes visites.

Nous, qui croyons être en possession d'un cœur, tout comme le père Jean-Louis, qu'on juge de notre émotion, en entendant la lecture d'une lettre, que le curé s'empressa de communiquer à sa mère et à sa sœur, et dont voici le texte :

« Monsieur le Curé,

» Je prends la plume pour vous dire... mais je ne sais trop comment vous le dire. Figurez-vous que ma sœur va de mal en pis, depuis qu'elle est revenue au pays. Le vétérinaire prétend que c'est à cause de l'épizootie ; c'est bien là, je crois, son mot. Mais notre curé, son nouveau maître, un bien digne homme, je vous assure, dit que son état provient uniquement de l'ennui et du chagrin, et qu'il faut vous la renvoyer. Je ne sais qui des deux croire. Ce qu'il y a de certain, c'est qu'elle ne mange pas, à force de pleurer, et qu'elle dépérit à vue d'œil.

» Si c'était un effet de votre bonté, je vous serais bien reconnaissante de la reprendre à votre service. J'aimerais bien mieux, vu l'éloignement, ne la voir que de temps en temps, plutôt que d'être exposée à ne plus la voir du tout.

» Je compte que vous m'excuserez, cette fois-ci comme la précédente. C'est à cette fin que je vous écris.

» Votre très-humble servante,

» Victoire Prieur.

» Trémilly, le 18 août 1834.

» *P. S.* — Mes bons maîtres, soyez sûrs qu'auprès de vous je me porterai tout à fait bien.

» Germaine. »

Dépeindre ici la joie, mêlée de tristesse, que cette lettre répandit dans le presbytère, ne serait-ce pas faire injure à la sensibilité dont est toujours pourvu le lecteur, quand un récit simple et touchant a la bonne fortune de le trouver libre de soucis, après une digestion facile.

Nous nous bornerons donc à lui dire que, pour toute réponse, mademoiselle Rose monta sur-le-champ dans cette même charrette que le sacristain, prévenu par elle, venait conduire de nouveau, et avec toute l'intelligence de son cœur.

Deux jours après, elle ramenait Germaine.

A son retour au presbytère, on ne tua pas le veau gras, — il n'y en avait guère dans ce pauvre réduit ; — mais, à force de bons soins, on put bientôt dire, comme pour l'enfant prodigue :

« Réjouissons-nous, parce que ma *fille*, que voici, était morte, et elle est ressuscitée ; elle était perdue, et elle est retrouvée. »

Et voilà comment le facteur rural, que tout le monde a depuis longtemps reconnu dans l'homme au manteau gris, a fait, tant en mal qu'en bien, de la prose sans le savoir.

## IV

### Photosculpture morale.

> MAITRE JACQUES.
> Est-ce à votre cocher, monsieur, ou bien à votre cuisinier, que vous voulez parler? car je suis l'un et l'autre.
>
> MOLIÈRE (*l'Avare*).

On a écrit quelque part : « Pour connaître tout le prix des personnes ou des choses, il faut parfois les avoir perdues. » Pourquoi ce judicieux apophthegme me revient-il en mémoire à l'occasion du retour de Germaine ? C'est parce que — il faut tout vous dire — au moment où la fugitive malgré elle paraissait nous avoir quittés pour toujours, un remords de conscience est venu tenailler mon tendre cœur d'écrivain ; et, par ricochet, celui ci, qui ne se gêne guère avec moi, sachant que je ne fais rien sans lui, n'a pas manqué de m'adresser les reproches que voici : « Pusillanime biographe, pendant que ton héroïne était au milieu de tes lecteurs bien disposés en sa faveur, as-tu suffisamment pris soin de faire ressortir toutes ses qualités aux regards de quelques-uns d'entre eux, que de graves préoccupations, ou tout autre motif, privaient alors de leur faculté habituelle d'intuition? N'as-tu pas non plus entendu de sourds murmures soulevés par ton incurie chez certains esprits myopes, à qui la nature n'a pas permis de voir plus loin que leur... horizon? Si, au delà de ces étroites limites, il faut à ces honnêtes humains une seconde vue, c'est-à-dire des yeux étrangers, pour découvrir les choses, combien n'ont-ils pas dû te maudire, de n'avoir pas complaisamment approché de leur nez ces bonnes lunettes dont la puissance pénétrante permet de fouiller jusqu'aux dernières profondeurs? »

J'avoue que ces vertes réprimandes m'ont été d'autant plus sensibles, que je les méritais peut-être. Aussi, pour faire la paix avec mon inexorable tyran domestique, maintenant que voici notre chère brebis si heureusement rentrée dans la bergerie, je veux réparer mes torts passés par quelques détails actuels, dans lesquels mon devoir d'historien véridique m'aurait certainement poussé plus tôt sans ma malencontreuse timidité. Que diable! il faut avoir le courage de ses opinions. Grande leçon pour les natures faibles et indécises, qui, comme de juste, ne manqueront point de n'en pas profiter! Elles hésitent, marchandent, ne savent pas prendre un parti à temps. Plus tard, la nécessité leur fait la loi ; il faut alors s'exécuter, coûte que coûte. On ne leur avait demandé qu'un œuf; à présent, c'est un bœuf qu'on exige. Bien leur prendra, cette fois, de ne plus rien refuser.

Si l'on veut bien m'accompagner nous allons descendre, une lanterne sourde à la main, jusqu'à certaine cachette. Là sont soigneusement enfouis, loin des regards profanes et derrière les fagots, des trésors ignorés, que l'œil seul du grand Clairvoyant peut découvrir... Rassurez-vous, discrète Germaine, je ne viens pas vous ravir la clef du caveau mystérieux. Mais, de grâce, rien qu'un coup d'œil furtif à travers les fentes de la porte. Que si, par suite d'une maladresse involontaire, un peu de jour pénètre à l'intérieur, résignez-vous, en songeant que Dieu, pour le plus grand bien des créatures, permet au soleil d'éclairer les merveilles de la création.

On sait déjà comment la servante attentive et courageuse suffisait à tous les travaux de la cure. Mais peut-être s'est-on imaginé qu'après sa besogne quotidienne elle se reposait. Erreur ! C'était un de ces êtres d'élite à qui la Providence a réservé le noble et rare privilège de ne jamais s'appartenir à eux-mêmes. Pour elle, le dévouement, c'était l'existence.

Aussi, qu'on fît des lois contre le cumul, sans plus s'en soucier que d'un tas d'ordonnances prohibitives, restrictives et fiscales, joie et fortune pour quelques-uns, ruine et désolation pour presque tous, elle devenait tour à tour, et sans scrupule — la réfractaire ! — docteur en médecine, professeur de Sorbonne, sœur de Charité, fabricante, sans diplôme, grade, vœux ni patente.

Quod est demonstrandum :

Tenez, la soirée commence. Une petite lampe, placée au centre d'une table ronde, réunit autour d'elle les hôtes du presbytère, pour leur distribuer la lumière avec économie et la plus impartiale égalité. Chacun travaille à sa guise. Germaine, elle, passe de longues aiguilles de bois entre les premières mailles d'un tricot de laine noire.

— Quel ouvrage allez-vous donc commencer là ? lui demande mademoiselle Rose, tout en ourlant un surplis nouvellement confectionné.

— Mademoiselle, les froids vont venir ; je veux me tricoter des bas de laine.

— Ah !... Mais, il me semble que vous nous disiez, il n'y a pas bien longtemps, que la laine sur les jambes vous causait des démangeaisons insupportables.

— Oui, quand elle est neuve. Oh ! alors, il n'y a pas de danger que je m'en serve. Ce sera la pauvre Jeannette qui portera d'abord ces bas-ci. Elle, qui va toujours les jambes nues, ne sera pas, j'espère, aussi douillette que moi.

Ici, un imperceptible *hum !* s'échappe à la sourdine des lèvres du curé, tout plongé qu'il était dans une pieuse lecture.

Une autre fois, pendant que Germaine filait de quoi faire de la toile pour une couple de chemises, sa vieille maîtresse trouvait son chanvre bien grossier pour un pareil usage :

— Comment pourrez-vous supporter une étoffe si rude, mon enfant ?

— A l'eau, madame, la toile s'adoucit. Je prêterai mes chemises à la bonne Gervais jusqu'au premier blanchissage. Comme elle est aveugle, elle ne verra pas que le tissu en est un peu épais.

Là-dessus, chacun se taisait. Et — voyez combien on était peu curieux dans cette maison, — il ne serait venu à personne dans l'idée de vérifier plus tard si la pauvre Jeannette était enfin parvenue à rendre la laine de ses bas assez douce pour aller aux pieds délicats de Germaine, ou si un premier blanchissage avait suffi pour assouplir la toile des chemises essayées par la bonne Gervais.

Quant aux petits bonnets, aux béguins, aux brassières, aux fichus omnicolores que, à force de combinaisons et de coutures, l'industrieuse Arachné de Fontaine-Mâcon parvenait à faire sortir de ces imperceptibles morceaux d'étoffe par elle récoltés chez toutes les commères du voisinage, force lui était d'avouer qu'elle ne confectionnait pas ces layettes pour elle. Seulement, si elle en faisait la distribution aux mères indigentes, c'était tout simplement dans la crainte que, faute d'un costume convenable, leurs poupons ne fussent pas à temps présentés aux eaux lustrales du baptême.

« Que Germaine fasse ainsi l'emploi de ses soirées en semaine, rien d'impossible à cela. Mais le dimanche, le jour consacré au Seigneur, je voudrais bien voir que cette sainte fille — comme il vous plaît de l'appeler — se permît d'œuvres serviles plus que le strict nécessaire. »

C'est parler d'or, judicieux interrupteur. Oui, en chrétienne soumise que nous sommes, nous nous garderions bien de contrevenir au premier commandement de l'Eglise. Mais, s'il y a fagots et fagots, il y a aussi différentes sortes de loisirs. Or, voici ceux que Dieu nous a faits :

*Deus nobis hæc otia fecit.*

Comme, ce jour-là, monsieur le Curé est tout entier aux choses du culte, et que l'instituteur communal oublie, devant le lutrin, son savoir, ou du moins son rôle pédagogique, Germaine, mettant à profit leurs préoccupations liturgiques, les remplace dans d'humbles conférences, pour lesquelles elle néglige de demander l'autorisation administrative; elle se permet l'enseignement libre; en termes moins ambitieux, elle devient maîtresse d'école.

Oui, madame, maîtresse d'école, c'est comme j'ai l'honneur de vous le dire. Si vous ne me croyez pas sur parole, Thomas Didyme, vous fierez-vous du moins à vos yeux et à vos oreilles? Pour cela, suivez-moi dans l'humble cabane que voici... Oh! ne soyez pas si délicate, entrez toujours.... Dame, la salle ne vaut pas votre élégant boudoir Louis XV, ni votre chambre à coucher si chastement enveloppée dans ses blanches tentures, ni votre salon tout éblouissant de dorures, ni votre salle à manger sévèrement meublée en vieux chêne, ni même votre splendide cuisine, qui fait l'orgueil de votre cordon bleu; mais, telle qu'elle est, elle a le mérite de former à elle seule l'appartement complet du père Jean-Louis, où le bonhomme tient tout sous la main, sans avoir à se déranger pour n'importe quoi. Veut-il s'asseoir, une chaise foncée de paille lui offre les jouissances du *dolce far niente*. S'il a besoin de satisfaire son appétit périodique, une planche rectangulaire, clouée sur trois pieds grossièrement équarris, est la table sur laquelle s'étalent les trésors plus ou moins gastronomiques préparés à un âtre que le sol même a improvisé dans un coin. Enfin, pour accorder à la nature les heures de repos qu'elle réclame, il se jette sur une paillasse, dont la luxuriante obésité est contenue par des parois de sapin; et là il goûte un sommeil profond et sonore, qu'abrite une épaisse couverture, trouvée un beau dimanche sur son lit, et dont il est encore à deviner la charitable provenance.

Voilà, sans oublier une planchette chargée de quelques bribes de poterie, le Louvre du philosophe sans le savoir.

C'est en même temps le cénacle où, à l'exemple du bon Pasteur appelant à lui les petits enfants, Germaine réunit chaque dimanche un troupeau de fidèles en herbe, riant espoir de Fontaine-Mâcon, pour distribuer une sainte pâture à ces tendres agneaux.

Il faut dire pourtant que, ce jour-là, son maître des cérémonies introduit dans son logis un luxe surérogatoire, que les circonstances seules peuvent justifier : deux longues solives, rabotées ou raboteuses, comme vous voudrez, s'étalent, en face l'une de l'autre, sur deux grosses pierres brutes, pour fournir toutes les commodités désirables à l'attention vagabonde de l'auditoire.

Siéges un peu primitifs, je le veux bien ; mais siéges plus propres à mortifier la chair que ces fauteuils de Saint-Thomas-d'Aquin ou de la Madeleine, capitonnés et somptueusement rembourrés de mollesse, pour ne pas blesser les formes aristocratiques qui les honorent ; siéges plus conformes à l'humilité chrétienne que ces prie-Dieu comme il faut, où la dévotion de naissance s'agenouille sur la soie ou le brocart, avec une gracieuse et nonchalante distinction.

Quoi qu'il en soit, l'assemblée paraît nombreuse, bambins d'un côté, bambines de l'autre ; vraie miniature d'une de ces conférences de Notre-Dame où le père Félix vient verser sur un public d'élite tous ses trésors d'éloquence sacrée. Seulement on ne paye, pour s'asseoir, aucune rétribution, pas même le triple du tarif ordinaire des chaises.

On prélude au silence par un murmure confus, assez semblable au bruit sourd des vagues émues. Un flux de voix étouffées, parties d'un banc, roule d'enfantines questions vers le banc opposé ; et le reflux ramène les réponses. D'un bout à l'autre de l'horizon se balance alternativement la houle des têtes blondes, brunes, noires, rousseâtres, coiffées, nues, embéguinées, *encasquettées*. Le père Jean-Louis, comme un bénin Neptune, sans son *quos ego* menaçant, promène ses longs bras au milieu de la tourmente, qu'il perdrait son latin à vouloir apaiser; pacifique Hercule entre deux rangs de Pygmées.

Enfin paraît la figure paterne et souriante de notre pédagogue hebdomadaire. Aussitôt, comme par enchantement, le calme renaît; la sérénité aplanit l'onduleuse surface de cette mer humaine. En même temps, tous les visages s'épanouissent, pendant que les yeux restent braqués sur certaine petite *boîte à la malice*, qu'on tient à la main d'un air narquois. Quand l'unique chaise de céans, placée à côté de la porte, a été magistralement occupée, et que le grand sous-maître est allé se placer debout, à l'extrémité opposée, la séance est ouverte.

Avant tout, il s'agit de fourrer quelques lambeaux de prières dans les replis cérébraux, si peu souples encore, des plus jeunes élèves. A cet effet, les aspirants à l'initiation viennent se grouper aux deux côtés de leur hiérophante, qui s'est, à l'avance, cuirassée d'une triple armure de patience. Alors, c'est à qui ânonnera d'un air plus distrait chacun des mots entendus, à mesure que la bouche doctorale articule les saintes formules, banal assemblage de sons incompris, que la piété changera plus tard en ardentes aspirations vers le ciel, en voix suppliantes évoquées de l'abîme, en hymnes reconnaissantes.

Tout le monde connaît l'*Assomption*, de Murillo, cette toile digne du ciel, que la France a eue pour rien, tout en la payant au poids de l'or. Eh bien, cette réunion de bébés autour de la bonne Germaine vous fait rêver involontairement à ces têtes de chérubins, que l'artiste espagnol a donnés pour cortège gracieux et mystique à la Vierge sublime : joues roses et rebondies, regard malin, mine éveillée, air mutin, rien ne manque à ce tableau rustique, si ce n'est peut-être un peu de poésie. Mais que dis-je? Est-ce que l'enfance n'a pas toujours sa poésie, quand elle est naïve, quand elle sourit, quand elle fait penser au bonheur de l'innocence, quand sa bouche commence à bégayer les doux noms de Dieu, de Jésus, de Marie?

Ensuite vient le tour du catéchisme préparatoire. Ici, la tâche de la maîtresse grandit avec la taille des disciples. Mais en est-elle moins ingrate? Sait-on bien ce qu'il faut de courage et de résolution pour introduire le jeune néophyte dans les mystérieux arcanes de la foi? Pendant que ses lèvres inconscientes répètent machinalement des demandes et des réponses textuellement apprises, son esprit court les champs à la poursuite des beaux papillons, des lézards insaisissables, des bluets, des coquelicots. Sa petite bouche ne tarde pas à s'ouvrir démesurément, pour donner passage à un immense bâillement; et sa mémoire finit par se fatiguer d'un fardeau, que l'intelligence lui laisse tout entier sur le dos, en se croisant tranquillement les bras, la fainéante!

Mais le catéchiste en jupon ne se rebute pas pour si peu. Toute légère qu'est la terre sur laquelle il sème, il espère que tout le grain ne tombera pas au milieu des cailloux et des ronces, ou sur le grand chemin, et que la grâce de Dieu en fera lever quelques germes en leur temps.

D'ailleurs, Germaine n'est-elle pas encouragée par l'attitude méditative à laquelle s'est peu à peu laissé aller le père Jean-Louis, cet enfant-géant. En le voyant ainsi non pas seulement l'entendre, mais encore l'écouter, elle remercie tout bas l'auteur de tout bien de celui qu'il lui a permis de faire en son nom; car, je suis bien aise de vous le dire en passant, c'est elle qui lui a appris les répons de la messe; et, ce qui la rend encore plus heureuse, c'est elle qui, d'un déshérité de la nature, d'un paria de village, d'un être grotesque, servant de jouet au premier venu, a fait une vraie créature du bon Dieu. Grâce à elle, maintenant chacun lui reconnaît ses droits d'homme; on veut bien lui accorder une âme, et sa place au soleil.

Après tout, quand la légèreté des auditeurs leur a fait follement placer à fonds perdu, c'est-à-dire dans des spéculations étrangères sans consistance, la somme de bonne volonté que la Providence leur avait donnée pour unique patrimoine, ou que les prodigues, à force d'avoir éparpillé leur attention le long de la route, sont rentrés au logis les mains vides, ou bien que leur esprit n'est plus qu'un de ces désœuvrés de la capitale, qu'on rencontre à la fois au cercle, au bois, au café, au spectacle, au bal, en visites, partout, excepté chez eux, quand enfin Germaine frappe à toutes les chambres, sans plus recevoir aucune réponse, les locataires ayant mis la clef sous la porte, pour décamper avec leur mobilier, alors, comme Démosthène avec les Athéniens distraits, elle a recours au moyen héroïque de la curiosité, pour rattrapper les fugitifs. Mais, au lieu de leur raconter, à l'instar de l'illustre orateur, la calembredaine de l'ânier louant sa bête, mais non pas l'ombre de sa bête, elle leur débite de gentils récits bibliques, dont elle a fait la connaissance chez quelque vieux bouquin du presbytère.

Vous dire que le désir d'intéresser la marmaille par de l'actualité ne l'entraîne point parfois dans un flagrant anachronisme, ou dans des allusions contemporaines assez hétérodoxes, qu'en un mot, elle ne donne pas, par-ci, par-là, plus d'un croc-en-jambe à l'ancien Testament, c'est ce qu'en conscience je n'oserais, ayant trop de respect pour la vraisemblance.

Probablement le saint homme Job, au lieu d'être un puissant de la terre étendu sur son fumier, devient un pauvre diable couché sur sa paillasse, comme son ami Jean-Louis. Ainsi que celui-ci, Goliath n'a guère que six pieds au plus. Les quarante-deux enfants de Béthel furent, au temps du prophète Elisée, dévorés par deux ours. pour n'avoir pas été assez respectueux envers monsieur le Curé; et Absalon lui-même ne mourut, suspendu à un chêne, que parce qu'il avait désobéi à papa ou à maman, en ne se laissant pas soigneusement peigner sa blonde chevelure.

Mais, au bout du compte, elle parvient, de cette façon, à retenir sur leur siége les petits babouins, jusqu'au premier coup de vêpres. Alors de peur que, à force de bouillir, le lait ne se répande par dessus les bords du poêlon, elle lève la séance, ouvre avec solennité la fameuse boîte placée à côté d'elle, et, par une distribution finale de belles images. accompagnée de friandises encore plus séduisantes, s'assure d'avance l'exactitude de l'assistance pour la semaine suivante.

Eh bien, que dites-vous de cette manière de passer ses soirées et ses dimanches? Il me semble qu'ils pourraient être plus mal employés. Sans compter qu'on trouve encore, je le parierais, moyen d'utiliser, sans nuire au gros de l'ouvrage, plus d'un moment de la journée.

Par exemple, ce petit coin de terrain, que son maître, sans doute par distraction, laisse à sa disposition, ne prend-elle pas le temps, la prévoyante fille, de le couvrir de plantes médicinales susceptibles de soins et de culture? Plus tard ne songe-t-elle pas à en joindre la précieuse récolte aux trésors du même genre que les champs lui offrent d'eux-mêmes, chiendent, mélilot, sureau, fumeterre, mauve, bouillon-blanc, bourrache, etc.

Puis comme, à force de chercher, elle a reconnu qu'on pouvait retourner de cette façon un proverbe bien connu : « Qui veut les moyens, veut la fin, » ces simples dont elle a fait ample collection l'été, elle les tient au service du village. Quelqu'un éprouve-t-il du malaise, il vient tout bonnement conter son cas à demoiselle Germaine. Celle-ci, bien loin de prendre les airs d'importance que vous savez, se contente simplement de lui tâter le pouls, de consulter le diagnostic de sa langue; et, sans vouloir lui prouver qu'il est souffrant parce qu'il ne se porte pas bien, sans avoir recours à l'*uroscopie*, sans même s'enquérir, comme ce *shoking* Sganarelle, si les matières sont plus ou moins louables, elle court chercher dans sa petite pharmacie ce que son bon sens et son expérience croient le plus approprié à la circonstance.

Ce n'est pas tout : notre docteur de contrebande traite aussi, par correspondance, les clients alités. Immédiatement elle leur fait parvenir les remèdes jugés opportuns. Le soir, sous prétexte de s'assurer si ses prescriptions ont été exactement suivies, elle va s'installer à leur chevet, les soigne, les encourage. Pendant ce temps les parents ou les voisins vont prendre un peu de repos, et regagner des forces, pour passer le restant de la nuit auprès des chers patients.

Le lendemain, quand le curé dit à sa servante : « Il me semble que vous êtes restée bien longtemps absente hier soir, ce qui vous a fait coucher trop tard, » elle répond le plus naturellement du monde : « Ah ! ne m'en parlez pas, Monsieur ; je me suis oubliée ; je ne savais pas l'heure. » Et le maître, après le hum ! de rigueur, parle d'autre chose.

Si, malgré l'infaillibilité des panacées, désespéré peut-être d'avoir à payer les visites du D. M. P., qu'il a fait appeler, un malade va encore plus mal ; si même (car il y a, au village comme ailleurs, des esprits de travers, toujours disposés à faire de l'opposition quand même) il est assez irrévérencieux envers la faculté, et assez docile à la voix de monsieur le Curé, pour vouloir absolument aller chercher la guérison dans une autre vie, Germaine, sans lui en vouloir le moins du monde — la douce créature ! — se venge noblement de son peu de respect pour les secours humains : elle vient elle-même l'ensevelir, et faire la funèbre veillée. En cas d'indigence du récalcitrant, c'est son coadjuteur Jean-Louis qui lui confectionne, avec toute la dextérité de son cœur, et les meilleures étoffes fournies par la charité, un vêtement décent, qui lui permet de se présenter une dernière fois à l'église.

. . . . . . . . . . . . . . . . . . . . . .

Mais ce zèle infatigable, cet ardent amour du prochain, un jour vint où il fallut les déployer pour d'autres que pour des étrangers. Mademoiselle Rose tomba malade à son tour, et, faut-il le dire en si peu de mots? elle prit à peine le temps de s'apprêter, pour se présenter douce et souriante à la mort, comme on va au devant d'un ami, dont on s'est disposé à fêter la bienvenue.

Aussi, après tout ce qu'on vient de lire, on ne sera pas surpris de me voir garder le silence sur la conduite de Germaine en cette déplorable occurrence. Même, pour ne plus avoir ensuite à attrister par de lugubres tableaux, je me hâte de retracer la scène suivante, qui n'eut pourtant lieu que deux ans plus tard :

Sur un lit en bois peint une femme gisait immobile. Sa tête vénérable, qui reposait sur un oreiller, laissait deviner, sous la rude empreinte des ans et de la souffrance, le calme d'une âme profondément chrétienne. Elle fermait les yeux ; mais sa pensée veillait.

Une servante, à genoux devant elle, récitait à voix basse les oraisons des agonisants ; et sa maîtresse serrait entre ses mains un chapelet aux grains de buis usés par la dévotion.

Sur une table, au pied du lit, un crucifix de cuivre rayonnait entre deux bougies allumées. Devant lui un rameau de buis trempait dans l'eau d'un petit bénitier en bois noir.

La lumière vacillante des flambeaux allait s'épanouissant sur un tableau pendu au mur, derrière la table, image enfumée et grossièrement peinte, où l'œil seul d'une mère pouvait reconnaître le portrait d'un fils.

Un jour lugubre filtrait avec peine à travers les rideaux de la fenêtre.

Neuf heures venaient de sonner à la vieille horloge de l'église voisine, et le dernier tintement de la cloche rustique annonçait que la messe allait commencer.

A ce moment, le pâle visage de la mourante s'anima encore d'une teinte de vie; et, rouvrant avec effort ses yeux appesantis, elle promena un regard tranquille sur le crucifix, et de là sur le tableau bien-aimé.

Ses lèvres remuèrent, comme pour chercher des sons suprêmes; puis elle murmura : « où est-il ? »

La servante, dont le cœur comprenait si bien, interrompit son oraison. pour répondre . « à l'église, où il dit la messe à votre intention. »

Après quelques instants, la vieille mère ajouta : « Pauvre garçon! » Et sa voix s'éteignit de nouveau, et une larme sillonna sa joue ridée.

Alors elle abaissa son regard vers la servante, et l'on entendit s'échapper de ses lèvres tremblantes ces mots : « Germaine, ma chère Germaine » aussi doux qu'une prière; et elle tendit la main à la servante.

Celle-ci la baisa avec respect, et recueillit en suffoquant une muette étreinte.

« Plus de sœur pour avoir soin de lui... pauvre fille!... Elle prie au ciel pour nous deux... Que va-t-il devenir? »

Ces paroles entrecoupées furent suivies d'un nouveau silence, interrompu seulement par les sanglots de la servante.

— Germaine, tu sais s'il a toujours été bon pour toi.

— Oh ! Madame, soyez sûre que tant que je vivrai...

— Tu me le promets !

Et son regard, s'illuminant d'une faible lueur, se dirigea vers le crucifix.

Et la servante étendit solennellement le bras de ce côté, sans rien ajouter.

Au même instant, le curé entra, et s'agenouilla, en pleurant, devant sa mère.

Celle-ci, par un dernier effort, souleva son bras défaillant sur la tête de son fils, pour le bénir encore, poussa un faible soupir, et expira, les yeux levés au ciel.

. . . . . . . . . . . . . . . . . . . . . . . . .

Deux jours après, une prière muette et douloureusement résignée réunissait, prosternés autour d'une tombe fraîchement recouverte, l'ecclésiastique, son sacristain et sa digne servante.

## V

### Marius devant les ruines de Carthage.

Et ces deux vieux débris se consolaient entre eux.
(*Imitation de Delille.*)

Savez-vous que c'est un gentil petit village que Tracy-le-Val, bien propret, bien entrecoupé d'enclos fertiles, bien paisible, et pourtant pas fier, quoiqu'il conduise à un fort beau château, jadis habité par la marquise de Brinvilliers, de toxique mémoire, et de là aux ruines pittoresques d'un couvent hanté par le chevalier de Sainte-Croix, son maître en l'art de se procurer les distractions et passe-temps des Locuste et des Desrues ?

Ne connaissez-vous point d'aventure ce petit coin de terre, perdu dans un pli de la forêt de Laigue, et dont la civilisation vient tout récemment de faire la découverte? Eh bien, quand, en y entrant, vous aurez salué, sur la gauche, ces accortes maisonnettes, vêtues de pierre blanche, coiffées d'un bonnet de chaume finement tuyauté, et souriant aux efforts de la vigne ou du lierre pour monter à l'assaut de leurs fenêtres, où, sans aucun souci de cette verdoyante escalade, fleurissent giroflées, hortensias, œillets, fuchsias; quand votre regard aura plongé dans ces jardinets sans prétention, où les choux, les artichauts, les poireaux et les carottes croissent dans la meilleure intelligence avec les rosiers, les pétunias, et les dahlias, où les pommiers à haute tige se plaisent dans la société du chèvrefeuille et de la clématite (style d'autrefois : Flore et Pomone se donnant amicalement la main); quand de distance en distance, au delà de ces haies vives d'aubépines et d'églantiers, unissant leurs étreintes et leurs dards pour protéger quelques perches de verger contre les convoitises des petits maraudeurs, vous aurez savouré de l'œil le velours émeraude de ces prairies plantureuses, parsemées de petits bouquets de bois, sillonnées de ruiseaux limpides, émaillées çà et là d'une vache laitière, d'une chèvre, d'un ânon, paissant en liberté; quand enfin, en montant lentement le chemin oblique, qui, vers la droite, grimpe chez son frère Tracy-le-Mont, vous aurez vu successivement émerger au-dessus des toits et des arbres que vous venez de quitter, les plans étagés d'une charmante perspective, d'abord, tout en haut, à l'horizon, les gracieuses silhouettes des sombres peupliers sur la voûte sereine du firmament, puis au-dessous, suspendus aux flancs de coteaux mollement ondulés, les châteaux, les villas, les chaumières, entre lesquels le hasard a brodé de capricieux arabesques d'arbres fruitiers, ou une riante tapisserie de vignes, de céréales, de plantes fourragères, enfin en bas les sinuosités de l'Oise, qui court recueillir le tribut de l'Aisne, pour se présenter en tenue plus cossue à la jolie ville de Compiègne ; quand, dis-je, votre imagination *se sera emparée de toute cette nature*, alors, j'en suis certain, vous ne pourrez vous empêcher de dire avec moi : « C'est un gentil petit village que Tracy-le-Val. »

Or, par une fraîche matinée du dernier printemps, le soleil venait de se lever sur cet Eden à peu près ignoré. Essayant timidement dans les airs sa première chansonnette, l'alouette envoyait au ciel les harmonieux élans de son allégresse. La fourmi, encore tout émue de l'inaction à laquelle l'avait condamnée l'hiver, s'efforçait, par un labeur obstiné, de réparer le temps perdu. Au pied des buissons qui bordaient la route en maints endroits, la primevère hâtive et la violette, sa compagne, laissaient humblement l'aube parer de diamants liquides leurs modestes fleurs.

Autour de l'homme, tout était joie, animation, splendeur ; tout, animaux et plantes, célébrait d'une voix unanime le réveil de la terre ; tout allait d'un pas régulier à sa destination providentielle, sans s'éloigner des voies tracées par le doigt du créateur.

Voici maintenant comment l'homme, ce favori de la nature, suivant Buffon, le grand écrivain aux manchettes de dentelle, se prépare à inaugurer dignement la journée qui commence :

Ici un gros rougeaud, au regard incertain, au nez bourgeonné, à la face violemment couperosée, tout en se ceignant les reins d'un tablier de sabotier, s'en va, selon l'usage antique et solennel, au cabaret du coin ; il a hâte de boire le vin blanc d'obligation, pour rincer sa bouche encore empâtée du vin rouge de la veille.

Là une fenêtre qui vient de s'ouvrir, laisse voir la figure béate du garde champêtre. Les yeux à demi fermés, le bonnet de coton enfoncé jusqu'aux oreilles, le corps nonchalamment cambré sur ses deux jambes, ce somnambule perpétuel envoie au dehors un formidable bâillement, et, en se détirant les bras, semble menacer le soleil, dont la lumière importune l'a arraché aux délices de la fainéantise.

Cet autre, au contraire, n'est que trop éveillé. Pourtant hier il a prolongé la veillée au delà de minuit, pour métamorphoser par d'ingénieuses sophistications les denrées douteuses ou avariées qu'il est en train de charger sur son âne pour le marché. Mais la cupidité sait éloigner le sommeil de ses paupières : elle fait reluire d'avance dans la brume lointaine les beaux gros sous qu'il va chercher à la ville, pour leur faire prendre dans quelque humide cachette cette précieuse couche de vert-de-gris, aussi agréable aux yeux de l'avare, que la patine antique à ceux du numismate.

Plus loin, entre ces deux maisons qu'on croirait jumelles, tant l'une s'efforce de singer l'autre, voilà le menuisier de l'endroit, qui vient d'allumer sa pipe. A peu près de même que jadis maître Adam, son confrère en rabot, de Nevers.

> Aussitôt que la lumière
> Vient redorer les coteaux,
> Il commence sa carrière
> Par visiter son enclos.

Là, comme la veille, comme l'avant-veille, comme chaque matin, il compte les fruits de ses arbres, en mesure de l'œil la grosseur, et, dans son dépit quotidien, pousse un soupir d'envie, en constatant encore une fois que son voisin en a davantage, et de plus beaux.

Mais regardez, je vous prie, en face de vous, sur la terrasse ornée de vases qui borde cette demeure plus apparente que les autres. Un monsieur drapé dans sa robe de chambre écarlate, avec la dignité d'un sénateur romain dans le laticlave, y promène majestueusement son importante personne. Si vous le prenez pour un pacha à trois queues, détrompez-vous ; ce n'est pas moins qu'un marchand de la rue Saint-Denis. Il a quitté les affaires pour venir ici s'abandonner sans contrainte aux hautes destinées auxquelles l'appelle son heureuse étoile. Tel que vous le voyez, il achève, en ce moment, les yeux ouverts, le rêve éblouissant qui est venu cette nuit *ébouriffer* son orgueil de propriétaire. Assurément il se réveillera, un de ces quatre matins, conseiller d'arrondissement, donc hiérarchiquement supérieur à Monsieur le Maire.

« Pour être plus qu'un maire, il se croit quelque chose » le digne homme ! Aussi avec quel air de grandeur sa tête altière, rehaussée d'une toque en velours avec gland d'argent, honore à peine d'un salut protecteur l'honnête journalier, qui se rend au travail, la houe sur l'épaule ! Un paysan ! Pouah !

Le superbe, il ne se doute pas que son fils, ce jeune garçon sans préjugé que vous voyez se glisser hors du logis par une porte de derrière, ne dédaigne pas, lui, de s'encanailler, en allant cajoler la fille et l'unique bien du pauvre hère.

Bon Dieu ! Qui peut donc produire cet affreux vacarme dans la chaumière d'à côté? c'est le gracieux réveil de l'enfant bien-aimé, jeune virtuose plein d'avenir. Le marmouset vient d'apercevoir le poêlon en cuivre jaune, où s'apprête la bouillie traditionnelle. Cette vue a exaspéré son impatiente voracité ; et le voilà qui glapit, qui piaille, qui vocalise à se rompre la poitrine, qui vocifère toutes les notes de son diapason. Son père, qui se sent déchirer le cœur ou plutôt le tympan, imagine, pour modérer ces éclats de voix, de faire la basse par d'énergiques jurons contre sa femme, trop lente à le satisfaire. Sur ce la mère, la tendre mère, empressée de se trouver à l'unisson de cette domestique musique d'ensemble, entre, à son tour, dans une colère de contralto, et, saisissant la verge, se met à battre la mesure sur *le lutrin vivant* (1) du précoce soprano. *Indè iræ*. Bien entendu qu'un morceau d'aussi longue haleine ne finit pas sans plus d'une reprise, où chacun des exécutants se livre aux plus charmantes variations sur le thême favori.

— Halte-là, Monsieur le Moraliste. Si je sais compter, voilà bien une édifiante réunion des sept péchés capitaux. Quoi ! sans rougir vous osez prétendre que dans un village...

— Et pourquoi pas, s'il vous plaît ? Est-ce que, dans ce siècle d'égalité, Paris aurait conservé le privilége exclusif de se payer ce friand régal à son premier déjeuner ? Quelle loi somptuaire, je vous prie, interdit à la province, voire même à la campagne, le luxe des vices et des ridicules ? Loin de là, le vent est à la décentralisation universelle. Décentralisons donc, morbleu ! décentralisons jusqu'à rendre la Capitale jalouse de la civilisation (euphémisme) départementale. D'ailleurs, si la Genèse nous dit formellement que le grand auteur de l'univers s'est complu dans son œuvre :

1 Le lecteur intelligent a compris, que sans faire injure à Gresset, la classique synecdoche a permis de prendre ici la partie pour le tout.

« Dieu vit toutes les choses qu'il avait faites ; et elles étaient très-bonnes, » elle ajoute un peu plus loin : « Il se repentit d'avoir fait l'homme sur la terre. »

Mais, sur ce point, assez de ces raisonnements qui font souvent déraisonner, et qui, sans remédier à grand' chose, finiraient par vous dessécher le cœur. Aussi bien l'*Angelus*, en nous envoyant de là-bas ses bouffées d'harmonie à travers les sonores parois du clocher gothique, nous invite à des idées plus douces et, grâce à Dieu ! à des sentiments plus charitables.

Poursuivons donc notre route, sans plus nous arrêter, puisque, après tout, nous ne sommes venus à Tracy-le-Val que pour renouer connaissance avec certains personnages, perdus de vue depuis bien des années.

Eh ! justement nous voici en face d'une maisonnette où nous pourrons en avoir des nouvelles. Poussons, sans plus de façon, la porte à claire-voie qui ouvre sur ce bout de jardin assez mal tenu. Bien ; maintenant tournons à gauche ; cette allée sinueuse va nous conduire à une entrée latérale de l'habitation. J'aurais pu sonner à la porte principale qui donne sur la rue ; mais pourquoi déranger les gens de si bon matin ? Chacun n'a-t-il pas ses occupations ? Tenez, ce bruit de voix, qui tantôt parlent seules, tantôt se répondent ou se confondent, annonce qu'ici on aime le bon Dieu, qu'on pense à lui d'abord, qu'on le prie en se levant.

L'une de ces voix est doucement chevrotante ; l'autre, bien que plus mâle, a pourtant de ces défaillances que l'âge impose à l'âme la mieux trempée. Une troisième résonne du timbre argentin que la nature fait vibrer sur les lèvres des enfants.

Vous ouvririez de grands yeux, j'en suis sûr, si je vous disais que vous allez retrouver ici le jeune abbé de Bar-sur-Aube, et l'ex-future sœur converse du couvent des Ursulines, si alerte sous ses trente-huit printemps. Que voulez-vous pourtant? On n'est pas toujours jeune; et il y a bien près de cinquante ans que vous les avez vus pour la première fois. Quant au petit bonhomme agenouillé près d'eux, c'est tout simplement un élève confié par une pieuse famille aux soins paternels de M. le Curé de Tracy-le-Val.

Mais si, pour ne pas troubler la prière, qui s'achève dans le recueillement et la méditation, nous jetions un rapide coup d'œil sur des lieux qui seront, je vous en avertis, la dernière étape de notre récit. Il n'y a peut-être pas de mal à ce que le public (et Monseigneur lui-même) connaisse un peu à fond l'intérieur d'un curé de campagne.

Jadis, dans un accès inouï de magnificence, qui tint longtemps en émoi les langues jalouses du voisinage, un paysan s'était gratifié en cet endroit d'un rez-de-chaussée, c'est-à-dire de deux pièces à feu séparées par un palier, avec un grenier carrelé dans toute la longueur du bâtiment. Plus tard, le presbytère, en renvoyant de céans la chaumière, pour s'installer en son lieu et place, partagea, au moyen de cloisons fort légères, le susdit grenier en trois autres pièces sans cheminée, qui prenaient chacune leur entrée sur un étroit corridor, chichement éclairé par un jour de souffrance, l'unique concession possible de la part d'un toit peu commode et fort raide de caractère. A droite était la chambre à coucher de l'ecclésiastique, à gauche, celle de Germaine, au milieu, une espèce de selle à tous chevaux, servant à la fois de dortoir pour le jeune disciple, de salle d'étude, et, pendant les jours de pluie, de préau couvert pour la récréation.

Chargé d'inventorier le chétif mobilier de cet étage, le commissaire-priseur le plus affamé de vacations se verrait à chaque instant dans la triste nécessité de recourir à la banale et dédaigneuse formule : « Objets ne méritant description. »

En effet, dans la chambre du maître, tapissée d'un papier équivoque, qui dut être de couleur, un lit en noyer sans rideaux frissonne entre la porte et l'angle du mur.

A la suite, au-dessus d'un antique prie-Dieu, un Christ en ivoire a jauni, sur son velours poudreux, dans un cadre vermoulu, qu'on soupçonne avoir été jadis doré.

Devant la fenêtre, une table toute ratatinée s'affermit de son mieux sur le sol, pour conserver l'équilibre à une cuvette en faïence grossière, garnie de son pot à eau.

Enfin, le long de la cloison qui fait face au mur, entre deux chaises de merisier foncées de paille, une commode mésalliée, dont la généalogie fort embrouillée doit flotter entre Louis XIII et Louis XIV, réunit les minces débris d'une garde-robe.

L'ameublement de la vieille bonne prouve une rigide observance de la hiérarchie domestique : un lit sans roulettes ; au-dessus une simple croix noire ; une seule chaise, aussi grossière que possible ; un bahut au lieu de commode ; pas de papier de tenture ; en revanche, une pieuse abondance de gravures collées à la muraille, au milieu desquelles trône un grand saint Germain, rehaussé des couleurs les plus audacieuses.

Toute la pompe mondaine a été réservée à la pièce du milieu : deux épais rideaux surmontent un petit lit de fer recouvert d'une moelleuse courte-pointe ; le farouche et incorruptible *rudiment de Lhomond*, l'*epitome* avec lequel le contre-sens sait trouver des accommodements, le cours de thêmes, source inépuisable de barbarismes et de solécismes, se partagent, avec quelques livres de lecture à couverture gauffrée, l'étendue d'un rayon fort proprement peint. Malheureusement ils n'y peuvent tous rester constamment. Le règlement exige qu'à certaines heures, les premiers en descendent sur la table placée à l'étage inférieur, table en acajou, ma foi ! chargée d'une écritoire, de cahiers et de pâtés d'encre, le luxe obligé de l'étudiant ! Enfin, une chaise foncée de crin, des rideaux à la croisée, une descente de croix, d'après Rubens, protégée, dans un cadre doré, par un verre épais, contre les affronts des mouches malséantes, tout prouve ici l'invasion subreptice du confortable.

Mais n'avez-vous pas entendu remuer au rez-de-chaussée ? vite, descendons quatre à quatre cette méchante échelle de meunier. Du vestibule nous pouvons, par la porte entr'ouverte, nous convaincre que cette pièce à droite, qui cuisine a été dans l'origine, cuisine prétend rester avant et malgré tout. La nécessité a eu beau y installer un petit buffet, garni d'une quantité raisonnable d'assiettes rustiques à fleurs impossibles, de plats extravagants, de verres, de salières, bref de tout l'attirail indispensable à une salle à manger ; en vain même a-t-elle adossé à la muraille une de ces tables ovales, à pieds mobiles en X, qu'on relève ou qu'on abaisse avant ou après chaque repas : la cuisine ne veut pas en démordre, et voici les arguments qu'elle oppose en sa faveur :

D'abord, une rangée de poêlons et de marmites en terre, s'alignant sur une planche, au-dessous de laquelle deux casseroles en métal se groupent fraternellement autour d'une poêle à frire.

Ensuite, dans un angle, une fontaine en grès, à panse circulaire protégée par une ceinture d'osier, et, dans l'angle opposé, une espèce de billot, ayant son point d'appui sur le mur, et porté par deux jambes de bois, comme un vieil invalide.

Enfin, sous l'appui de la croisée, une large pierre d'évier, et, sur le manteau d'une haute cheminée, trois flambeaux de cuivre, munis chacun d'une chandelle, et flanqués à droite et à gauche de deux fers à repasser rouillés à moitié, faute d'emploi.

Sans parler de ces quartiers de lard salé, ni de ces bottes d'oignons, suspendus aux poutres saillantes du plafond.

Voilà, vous m'avouerez, qui sent diablement sa cuisine.

Pour ces chaises de paille, qui passent alternativement d'une pièce dans l'autre, suivant les exigences du service public, elles font prudemment de garder la plus stricte neutralité dans le débat ; ce sont simplement des volontaires, qui, se tenant tantôt à l'aile droite, tantôt à l'aile gauche, ou bien au centre de l'armée, sont partout, et ne sont nulle part.

. . . . . . . . . . . . . . . . . . . .

Ma foi ! que la cuisine et la salle à manger s'arrangent entr'elles, sans compter sur moi pour terminer leur différend. Vous vous rappelez la fameuse logomachie dans *l'Ours et le Pacha* : « Je dis que ce coup sur le bout du nez s'appelle une chiquenaude. — Je prétends que son nom est pichenette. — Vous vous trompez tous deux, mes bons amis; c'est tout simplement une croquignole. » Si par hasard, dans ce lieu, dont on se dispute avec tant d'acharnement la destination, moi. j'allais voir encore un salon de conversation, ou même une classe, à l'occasion.

Mais notre description court grand risque de rester interrompue en cet endroit ; car la chambre d'à côté, la seule qui nous reste à visiter, est occupée en ce moment. Le curé y fait à haute voix une lecture de piété. Impossible d'y pénétrer. C'est bien embarrassant. Remettre la fin de notre inventaire à une autre vacation, ce serait en vérité folie. Quel auteur est assez mal avisé pour lâcher l'auditeur qu'il tient par le bout d'une oreille, en lui disant : tu reviendras demain, pour que je te tire l'autre ? Comment faire donc ?... Ah ? j'y pense ; par le trou de la serrure ne serait-il pas possible ?... Parfaitement... Eh bien donc, attention :

Fauteuil en noyer devant un petit bureau Louis XV tout ce qu'il y a de plus simple, à tiroirs étagés dans l'intérieur ; six chaises Louis XVI, peintes en blanc, avec siége recouvert d'une étoffe de coton fanée ; horloge à poids dans sa boîte enfumée ; enfin grande armoire en merisier, derrière les portes vitrées de laquelle des livres de théologie et des classiques de littérature latine et française se coudoient ave une tolérance édifiante, admettant même à leur intimité un écureuil, un chat et différents oiseaux, le tout — bien entendu — empaillé, et entremêlé de coquillages et de fragments de bois aux formes bizarres.

C'est, tout l'indique, un cabinet de travail, pouvant, au besoin, servir de parloir.

Ah ! j'allais oublier : la cheminée en pierre est surmontée d'un miroir biseauté dans un cadre noir, qui réfléchit la silhouette d'un enfant Jésus en cire, couché dans du coton, et abritant sa chaste nudité sous une cage carrée en verre. Aux extrémités, deux vases de porcelaine blanche servent d'hospice de la vieillesse ou de Sainte-Périne à des bouquets artificiels, que leurs longs services sur l'autel de l'église paroissiale ont fait admettre à la retraite. Comme fidèles compagnes de ces vases vénérables, deux bougies, qui m'ont tout l'air de restants de cierges, sont venues aussi faire élection de domicile dans des flambeaux jadis argentés. Les braves acolytes n'ont pas voulu se séparer de leurs chères fleurs, quelqu'outragées qu'elles fussent par la main du temps, touchant symbole de la véritable amitié !

Hélas ! faut-il vous le dire? ce luxe sans exemple ici, ce luxe quasi oriental, accumulé sur un même endroit, je le soupçonne fort de n'être qu'une fiche de consolation ;

Le seigneur Jupiter sait dorer la pilule.

On a voulu, en flattant sa coquetterie, faire digérer à la cheminée la déchéance à laquelle on l'a condamnée. La roche Tarpéïenne n'est-elle point à deux pas du Capitole?

Imaginez-vous que de devant cette cheminée ne bouge pas une vieille table de bouillotte, duègne au visage renfrogné, que la passion du jeu a réduite à un état voisin de la misère, et tellement caduque qu'elle se soutient à peine sur ses pieds; le jour, la nuit, l'hiver, l'été, toujours elle est à son poste. Aussi le feu, ce brillant et volage Almaviva, qu'elle empêche d'approcher de la triste Rosine du presbytère, pour en embrâser le cœur de ses ardeurs insensées, s'est vu, de guerre lasse, forcé d'aller offrir l'hommage d'une chaleur attiédie à un affreux petit poêle de faïence, placé au milieu de la pièce, « *pastor Corydon ardebat Alexin;* » et, pour comble d'humiliation, on a contraint la malheureureuse délaissée à recueillir dans son sein les soupirs étouffés que son infidèle pousse chez son honteux rival. — Aman réduit à conduire par la bride le cheval monté par Mardochée!! — Aussi comme la pauvrette doit raisonner à froid sur l'inanité des proverbes! Pour elle y a de la fumée sans feu.

Mais j'ai beau m'écarquiller les yeux; plus rien à mentionner ici. Maintenant...

Etourdi que je suis! Au moment où je termine mon scrupuleux inventaire, je me rappelle — il est bien temps, ma foi! — qu'en le commençant je m'étais promis de vous engager à sauter à pieds joints par dessus, pour peu que vous ne tinssiez pas absolument à bien comprendre certains détails de mon histoire...

Pourquoi cette mine longue d'une aune? ce sont les enfants qui font la grimace, en apprenant que le breuvage avalé par eux contenait, sans qu'ils s'en doutassent, une drogue nécessaire. Mais des personnes raisonnables! des gens qui ont fini (par exemple, je ne sais pas trop comment) par digérer tout le commencement de cette rapsodie! des lecteurs qui doivent être habitués aux distractions de la gent écrivassière! Allons donc! ce n'est pas pardonnable.

Puisqu'il est trop tard pour revenir sur vos pas,

faites contre fortune bon cœur; et, au lieu de me bouder, revenez avec moi au jardin. Là nous nous reposerons de notre longue visite sur ce petit banc de pierre, que vous voyez là-bas enfoncé dans d'épaisses touffes de sureau. La curiosité vous ayant poussé jusqu'ici à vos risques et périls, rien de plus facile que de lui donner ample satisfaction; car, de ce poste d'observation, on peut tout voir et tout entendre autour de soi... A la bonne heure! fils d'Eve, vous mordez encore à mon hameçon.

. . . . . . . . . . . . . . . . . . . .

Après la prière et la lecture, chacun reprend sa tâche de la veille. Monsieur le Curé, la soutane retroussée, la bêche à la main, et d'un pas assez allègre, va achever le labour d'une planche d'épinards. Désiré (c'est le nom de son jeune élève) se met, avec un empressement plus calme, à continuer, sur la table de bouillotte, le thème à peine commencé. Germaine gagne la cuisine, où elle allume le feu pour la soupe du latiniste et la sienne. Puis, quand une douce odeur de gratin lui a fait connaître que la bienheureuse panade a dûment mitonné, elle la sert, se hâte d'avaler sa petite portion, et, laissant son protégé aux prises avec une énorme assiettée de potage, dont il savoure lentement l'appétissante saveur, édulcorée, Dieu me pardonne! par une pincée de cassonade, elle se dirige, un petit tabouret sous le bras, vers une des plates-bandes du jardin. Là, assise en face de son maître, elle dirige un regard peu sûr de lui-même sur le sol trop plantureux, et se met à en arracher l'herbe parasite, toujours obstinée à repousser derrière sa main tremblante. De temps en temps, elle pousse un soupir, en voyant la sueur couvrir le visage du cultivateur *in extremis*. Enfin, après une muette contemplation, elle ne peut s'empêcher de rompre le silence :

— Faut-il, Monsieur, que vous soyez maintenant obligé de cultiver vous-même ce malheureux coin de terre !

— Des idées ! Je vous dis que c'est très-bon pour ma santé. (*Faisant un effort pour se redresser.*) Ouf !

— Là, vous voyez bien.

— Oh ! rien ; c'est toujours mon rhumatisme..... D'ailleurs, il le faut bien, si nous voulons manger des légumes et un peu de fruits.

— Mais à votre âge.

(*Avec vivacité.*) A mon âge, à mon âge... (*d'un ton plus calme*), il est vrai que j'entre aujourd'hui dans ma soixante-quinzième. Mais vous, n'avez-vous pas vos quatre-vingt-cinq bien sonnées ? Et pourtant, l'année dernière encore, avec cette même bêche vous retourniez nos planches de fraisiers.

— Ah ! ce n'est pas le courage qui me manque. Mais dire qu'aujourd'hui je ne suis plus bonne à rien !

— Eh ! que faites-vous donc là ?

— Bah ! *désherber*, la belle malice !

— Mais c'est ce qu'il y a de plus utile, à présent que tout est semé et planté.

— Vous avez beau dire, les forces n'y sont plus. Je ne suis désormais ici que pour manger votre pain.

— Hum ! Voilà ce que c'est que de n'avoir pas écouté mes observations. Y avait-il aussi du bon sens à vous opiniâtrer à faire toujours ainsi la route à pieds, d'ici à Compiègne, deux bonnes lieues, s'il vous plaît, et cela, pour acheter une botte de chanvre, ou un kilo de sucre pour mes tisanes, ou bien encore une livre de ce chocolat que vous jugez indispensable à la conservation de mes jours.

— Dame, il faut user d'économie.

— Hum! c'est donc comme cela que vous économisiez vos bras et vos jambes..... Il est vrai que, pour moi, vous savez joliment marchander; car tout ce que vous m'achetez, est fabuleux de bon marché.

— (*En toussant un peu.*) Que voulez-vous? Quand on n'est pas riche. .

— (*Souriant.*) Ça, je le sais; nous avons oublié de le devenir. Mais notre Seigneur le fut-il jamais, lui?

— C'est bien ce que je me dis, quand il est question de moi.; mais vous.....

— Voyez l'égoïste! Elle n'a de résignation que pour elle..... Eh bien, après tout, qu'est-ce qui me manque, à moi? N'ai-je pas même des douceurs, le superflu, quoi? jusqu'à une chaufferette sous les pieds, l'hiver, et une bonne bouteille d'eau chaude dans mon lit?..... Et de quoi donc me plaindrais-je?

(*Ici Germaine hoche la tête, comme peu convaincue par les raisons de son maître.*)

Germaine, Germaine, ne doutons jamais de Dieu, et soumettons-nous à ses décrets sans nous plaindre.

— C'est vrai, Monsieur, j'ai tort.

— Et voyez comme vous êtes injuste envers lui: Ne m'a-t-il pas encore, il y a deux ans, envoyé ces braves personnes de la ville, qui m'ont confié leur fils unique? C'est qu'il trouvait sans doute que mon seul traitement de curé ne me permettait pas de faire ce que la charité nous ordonne à tous.

— Pour ça, c'est du bien bon monde, oui, la crème des parents, toujours le cœur sur la main.

— (*Souriant.*) Oui, des personnes avec qui vous aimiez faire un bout de causette, toutes les fois que vous alliez à Compiègne.

— Dame, c'était pour leur donner des nouvelles de leur cher Désiré.

— Votre Benjamin..... C'est, du reste, un bon petit garçon, bien qu'un tantinet paresseux. J'espère en faire un jour un bon chrétien et un honnête homme. (*Souriant.*) Voyez comme vos yeux brillent!..... Me voici donc enfin parvenu à vous réconcilier avec la Providence.

— (*Avec un sénile enjouement.*) Ah ! Monsieur le Curé, comme si nous avions jamais été brouillés ensemble.

— C'est bon, c'est bon ; je vous absous encore cette fois ; pour pénitence, vous vous abstiendrez dorénavant de vous lamenter sur mon sort ; et, quelque chose qui arrive, ayez toujours, sinon sur les lèvres, du moins dans le cœur, ces saintes paroles : « *Fiat voluntas tua.* »

— (*En se signant avec une poignée de mauvaises herbes.*) Amen.

(*On sonne à la porte de la maison; le Curé, en se retournant*) :

— Tiens, qui est-ce qui sonne? (*à part*) serait-ce le facteur? non, c'est trop tôt.

— Je cours voir.

(*Elle court à pas de tortue du côté de la maison, en marmottant entre ses dents*) :

— C'est sans doute Justine. Pourvu que Monsieur ne la voie pas.

## VI

### Un ténébreux complot.

Te voilà, séducteur,
De ligues, de complots pernicieux auteur,
Qui dans le trouble seul as mis tes espérances.
RACINE (*Athalie*).

— Monsieur, il faut faire retraite.
— Comment ?
— Il faut d'ici déloger sans trompette.
— Et pourquoi ?
— Je vous dis qu'il faut quitter ce lieu.
— La cause ?
— Il faut partir, Monsieur, sans dire adieu.
— Mais par quelle raison me tiens-tu ce langage ?
— Par la raison, Monsieur, qu'il faut plier bagage.
— Ah ! je te casserai la tête assurément,
Si tu ne veux, maraud, t'expliquer autrement.

Voilà, ami lecteur, les excellents termes qu'un intérêt sincère me fait emprunter au grand Molière, pour vous dissuader d'aller plus loin, si vous vous trouvez dans l'honorable catégorie du *parfait rentier*. Dans cette hypothèse, pesez, s'il vous plaît, les quelques mots que je vais ajouter de mon chef, pour justifier mon conseil :

Ne venez vous pas d'entendre Germaine se dire tout bas, en parlant d'une certaine Justine, « pourvu que Monsieur ne la voie pas? » Pourquoi donc se cacher ainsi de son maître? Evidemment il y a quelque chose dans l'air... Si une méchante affaire, en ébréchant l'entière confiance que vous a jusqu'ici inspirée ce phénix des soubrettes, était cause qu'un pénible sentiment vînt faire irruption dans votre for intérieur, *Dies iræ !* je ne me le pardonnerais de ma vie. Si donc vous êtes sage, nous quitterons ce lieu, avant d'en savoir davantage. — « Mais le dénouement. » — Quoi ! pour un misérable dénouement — après tout sera-t-il de votre goût? — vous risqueriez de compromettre cette douce quiétude d'un cœur cadenassé contre toute émotion, ce calme d'un esprit verrouillé contre tout raisonnement. De grâce, rendez-vous à la dialectique que voici :

Vous avez un intérieur, qui, pour l'agrément, ne le cède en rien à celui du bon roi d'Yvetot. Le matin, votre femme, attentive à prévenir vos moindres désirs, n'interrompt, sous aucun prétexte, votre sommeil réparateur. Vos yeux enfin ouverts, un bol savoureux de chocolat Ménier vous est apporté dans votre lit, avec une flûte au beurre ; et vous pouvez ensuite, pendant une heure ou deux d'aimable somnolence, vous édifier à votre aise sur l'intelligente prévoyance de la nature, qui a inventé le cacao et la canne à sucre.

Une fois sur votre séant, une fois emmagasiné dans de chauds et moelleux vêtements, une fois l'estomac lesté d'un déjeuner substantiel, toujours couronné par la fine tasse de moka, et invariablement assimilé à l'économie de votre être par la petite sieste de rigueur, il ne vous reste plus qu'à compléter par un tour de promenade l'emploi d'une journée commencée sous de si heureux auspices.

Pour échapper à la monotonie, vous vous êtes prudemment réservé le choix entre le boulevard et le palais Royal, entre le palais Royal et le boulevard, les Tuileries restant le privilége des dimanches et jours fériés.

Sur un banc, dont vous savez adroitement vous réserver le monopole, vous venez vous reposer après un certain nombre de tours, réglé comme la marche de notre satellite autour de la terre.

Puis le même chemin vous ramène chez vous, la montre à la main, toutefois après que vous vous êtes permis l'escapade fantaisiste d'un petit détour du côté des bassins, pour y constater la présence de l'eau, en y faisant cinq ou six ronds avec le bout de votre canne.

De retour au logis, vous trouvez le dîner cuit à point, et servi à l'heure dite. Chaque soir, quelques bons amis, toujours les mêmes, et de force égale à la vôtre sur le piquet ou les dominos, viennent s'asseoir à votre foyer, pour faire votre partie. Jamais le moindre nuage dans cette intimité; car on n'y joue pas d'argent, et l'on n'y parle ni beaux-arts, ni politique, ni bourse, ni spectacles, ni soirées, ni concerts, ni affaires commerciales, ni voyages, ni philosophie, ni histoire, ni poésie, ni etc., ni etc., ni etc.

Enfin neuf coups à la pendule sonnent le couvre-feu de ces intéressantes conversations, et, les visiteurs congédiés, votre lit bassiné avec soin vous invite au sommeil de l'homme vertueux, qui a mis bon ordre à ce qu'une sotte imagination ne vienne pas le troubler par des rêves saugrenus.

Ou je ne m'y connais pas, ou vous savez réaliser ici-bas le seul bonheur sans mélange. Et voilà ce que je vous verrais troquer, de gaîté de cœur, contre les fallacieuses amorces d'une curiosité bonne seulement à vous faire croire à la sensibilité ou à l'intelligence! Non! Par Jupiter! mille fois non! Je ne me rendrai pas complice de ce lèse-béatitude.

Je vous l'ai dit, il y a quelque chose dans l'air; c'est bien le cas où votre baromètre, cet oracle vénéré, vous défend de mettre le nez dehors. L'aparté de Germaine, c'est ce point noir, qui, au bout de l'horizon, se détache imperceptiblement sur un ciel sans nuage. Eh quoi! vous l'avez aperçu, et voulez continuer à nager au large! Nautonier sans expérience, votre sécurité vous coûtera cher. Dans une heure, vous entendrez les vents se déchaîner à vos côtés, la tempête rugir au-dessus de votre tête, et, brisé sur des récifs ignorés, vous pleurerez amèrement la perte d'une charmante embarcation, faite seulement pour dormir sur les eaux pacifiques d'un bassin de plaisance ou d'une rivière anglaise.

Ainsi donc, entendez-le bien, ce n'est plus pour vous que je me remets à griffonner mon histoire.

Tout est devenu mystère, obscurité dans cette maison, ce matin encore si pleine de franchise et de lumière. Assurément, on y conspire, on y broie du machiavélisme. Il n'est pas jusqu'à Désiré qui, ainsi qu'on va le voir, ne se mette de la partie.

Nous l'avons laissé dans le cabinet du bas, en tête à tête avec le *que retranché*.

Le *que retranché*, locution baroque et digne des

temps de barbarie ! Ceux d'entre vous, Messieurs, qui ont eu l'avantage de courber la tête sous les fourches caudines du rudiment, ne peuvent, j'en suis sûr, se rappeler sans effroi les ambages inextricables, les redoutables excentricités de ce sombre je ne sais quoi, dont, sous l'obscur vocable de *que retranché*, on nous faisait un monstre sans queue ni tête. Ils frissonnent encore rien qu'au souvenir de ce sphinx biscornu, dont il fallait deviner les captieuses énigmes, si, néophyte déterminé, on voulait voir s'ouvrir devant soi la porte de fer, qui conduisait au sanctuaire ; ce n'était qu'après avoir offert à ce cerbère grammatical le plus pur de son intelligence, gâteau somnifère pétri de miel et de pavots, qu'on pouvait entrevoir de loin, et dans une mystérieuse pénombre, les grands dieux du classique Latium, les Ovide, les Virgile, les Horace, les Cicéron.

Quant aux personnes qui, comme vous, Mesdames, ont eu la chance de ne pas se voir exposées en pâture à cet ogre de la jeunesse, qu'elles s'estiment heureuses de ne pas faire connaissance, même ici, avec le vilain croquemitaine.

Or voilà le farouche adversaire avec qui se trouvait aux prises le piteux écolier. Son thème, à peine commencé au moment où Germaine et son maître étaient allés au jardin, devait être fini à l'issue de la messe, pour que monsieur le Curé pût le corriger en déjeunant.

Aussi il fallait voir avec quelle résolution désespérée le jeune retardataire répétait en bâillant « travaillons, travaillons. » Si tout se bornait là, c'est qu'en pareille occurrence l'intention ne pouvait être réputée pour le fait, et qu'entre l'une et l'autre il y avait encore toute la distance de la bonne volonté.

Du reste, il faut lui rendre cette justice, il n'épargnait rien de ce qu'il croyait propre à hâter le bienheureux moment du « *finis coronat opus.* »

Tantôt il pensait à consulter, toutes les cinq minutes, l'heure à l'horloge; et, s'il avait été assez grand, son doigt impatient en aurait fait voir de dures aux innocentes aiguilles.

Tantôt il allait à la fenêtre, et, risquant à la dérobée un coup d'œil à travers les rideaux, il interrogeait le ciel, pour savoir de lui s'il serait d'humeur à sourire à ses jeux, au moment de la récréation.

Puis il revenait à la satanée table de bouillotte, pour se remettre, l'instant d'après, en route, et continuer son *voyage autour de la chambre*. Mais, à dire vrai, cette nouvelle pérégrination fut involontaire de sa part.

En effet, de l'armoire vitrée qui servait de bibliothèque, s'échappaient comme des effluves magnétiques, qui le fascinaient malgré lui. On eût dit qu'une violente décharge électrique le faisait bondir sur son siége. C'était donc pour céder à une irrésistible attraction que, cette fois, il s'était levé. Voyez-le debout, immobile, la bouche béante, en face d'un volume chétif, crasseux, déguenillé, rapiéceté comme quelque vieux savant, presque honteux de son érudition, et cherchant à s'effacer dans l'ombre, à se cacher modestement derrière ses voisins. Ainsi Pons de Verdun nous représente un bibliomane enragé, dans une fanatique extase devant un trésor :

C'est elle! Dieu! que je suis aise!
Oui, c'est la bonne édition :
Voilà bien, pages douze et seize,
Les deux fautes d'impression
Qui ne sont pas dans la mauvaise.

Mais ce n'était pas là ce qui enchaînait invinciblement l'attention du petit bonhomme ; ce n'était, non plus, ni l'étrange reliure du bouquin, ni le bizarre gaufrage de sa tranche ; c'était tout uniment le titre qu'il portait au dos, titre flamboyant, titre fulgurant, étincelant, éblouissant, bien qu'à demi effacé par la main du Temps, jointe à celle du maître, « *Corrigé de thèmes* » !

Comprenez-vous maintenant le regard de convoitise lancé par notre mioche vers le précieux in-douze ?

L'aspect de ce recueil produisit sur lui l'effet d'un mirage séducteur : il s'imaginait voir un thème fantastique, bâti tout d'une pièce, sans aucun travail de sa part, comme le voyageur altéré aperçoit une fraiche oasis au milieu des sables arides du désert.

Mais hélas ! ce n'était que la cruelle mystification d'une impertinente illusion. Le fantôme le regardait d'un air ironique derrière les vitres de la bibliothèque ; et la double impossibilité où était la montagne de venir à Mahomet, celui-ci d'aller à la montagne, aurait brisé un cœur moins énergiquement trempé que celui de Désiré.

Mais Désiré était un philosophe. Pour se soustraire à une fatale obsession, il prit le parti de chercher ailleurs une salutaire diversion. Après un profond soupir de regret, il suivit tout pensif le chemin de sa chambre, *curis ingentibus æger*.

Arrivé devant un petit placard, qui, avec ses jouets, renfermait tant d'agréables souvenirs, tant de riantes espérances, il songea à trouver auprès de ses compagnons assidus quelque adoucissement à de tristes pensées. Mais c'est en vain qu'il veut s'étourdir aux ronflements de sa toupie d'Allemagne, en vain qu'il demande à ses chères billes, à sa corde bien-aimée, l'oubli de son malheureux devoir. L'inexorable *que retranché*, se dressant toujours devant lui, comme l'ombre shakspearienne de Banquo, appuie son doigt hideux sur l'endroit où il en est resté la veille.

Las enfin de compter sur ces frivoles amis, forcé de crier merci dans ce combat à outrance, où l'implacable nécessité lui appuyait sur la gorge l'antiphrastique poignard de *miséricorde*, il pensait à redescendre travailler... c'est l'exacte vérité. Redevenu stoïque autant qu'Epictète, continent et maître de lui comme Scipion l'Africain en Espagne, il avait déjà la main sur la serrure de la porte... Mais un fatal coup de sonnette — celui qui a retenti à la fin du chapitre précédent — vint l'arracher à ses magnanimes, mais tardives résolutions.

A ce bruit, notre forçat du travail se sentit défaillir, craignant d'être surpris en flagrant délit de rupture de ban. La fuite devenait impossible. L'épouvante au cœur, le front baigné d'une sueur froide, il se laissa tomber sur une chaise, et attendit dans une complète immobilité.

Cet énergique appel de la sonnette, qui avait fait tressaillir le délinquant, ni plus ni moins que si c'eût été la trompette du jugement dernier, était parti, suivant la conjecture de Germaine, de la main vigoureuse de Justine. Figurez-vous une forte gaillarde de 25 à 26 ans, fièrement campée sur deux hanches, dont l'ampleur pouvait figurer avec avantage aux assises bovines de la Villette. Le reste à l'avenant ; surtout une opulence nutritive à faire encore maigrir de jalousie les étiques hôtesses du bureau central de la rue Sainte-Apolline. Enfin, bras nus, manches retroussées, nez *idem*, air ouvert, et visage suant la santé par tous les pores, voilà en raccourci la pochade de celle à qui la bonne vieille ouvrit la porte.

Aussitôt après l'avoir introduite, celle-ci s'empressa d'avancer l'index de sa main droite devant ses lèvres, qui laissèrent sourdement filer un « chut ! » mystérieux. Puis, s'appuyant sur la rampe de bois, elle monta avec une octogénaire légèreté jusqu'à sa chambre. Là, après avoir refermé la porte derrière la colossale visiteuse, elle respira quelques minutes, pendant que celle-ci prenait la parole d'une voix formidable :

« -- Ah çà, mère Germaine, voulez-vous bien me dire à quoi bon ce tas de cachotteries et de précautions? c'est donc pour un mauvais coup que vous m'avez fait dire hier de venir ce matin.

— Plus bas, Justine, au nom du ciel ! plus bas .. J'ai encore un petit service à vous demander... Mais il ne faut pas qu'on sache...

— (*Interrompant*). Comme vous me faites rire avec toutes vos manigances!... Ah ! mais... avec moi faut que ça file droit.

— C'est que, voyez-vous, je me méfie de Désiré. Il est si furet, le petit coquin... heureusement il travaille dans le cabinet de Monsieur. C'est pour l'éviter que je vous ai fait monter ici.

— Ah bah ! vous en voilà maintenant à craindre un enfant ! Parbleu ! Pourvu que ça joue, ça s'inquiète bien de ce que vous faites.

— Je n'en ai pas peur quand il joue ; mais lorsqu'il s'agit de travailler, c'est alors qu'on l'a toujours sur ses talons. Quoi? n'est-il pas venu dernièrement, le gamin! dans ma cuisine, pour me forcer à lui chercher ses mots dans le dictionnaire, comme si j'entendais quelque chose à ce grimoire?

— Ah bien, avec moi ça ne serait pas long. Je vous lui dirais bien poliment : sortez de ma cuisine, petit *faignant;* et plus vite que ça, maudit vaurien! Sinon, je cours prévenir votre maître... Ah! mais... avec moi faut que ça file droit.

— Jésus! Maria! y pensez-vous? Moi, le rudoyer de la sorte! Je l'aime trop pour le tarabuster.

— Alors il faut lui donner des friandises et le cajoler toutes les fois qu'il viendra perdre son temps, et gaspiller l'argent de ses parents.

— A son âge, on ne pense qu'à s'amuser.

— Oui, mais à votre âge est-ce qu'on devrait parler ainsi?

— Vous, à mon âge, ma fille, je suis bien sûre que vous parlerez autrement qu'à cette heure... Mais vous avez beau dire, méchante Justine, si votre langue est de fer, vous avez un cœur d'or.

— Bah! bah! je suis ce que je suis... Si l'on doit maintenant prendre des mitaines avec les gens, excusez!... Ma foi! j'en suis fâchée pour ceux qui le trouveront mauvais; mais il faut me prendre en bloc, bon comme mauvais. Dame, on ne se fait pas. C'est un malheur si j'use à tort et à travers de mon franc-parler. Je suis ronde, et, qu'on me pousse sur une pente, je *déboule* jusqu'en bas; gare là-dessous! Tant pis si j'éclabousse!... Ah! mais... avec moi faut que ça file droit.

— Ce qui ne vous empêche pas d'être toujours prête

à obliger... Car enfin, comment ferais-je aujourd'hui, si vous ne vous chargiez pas de mes petites commissions?

— Ah! oui, parlez-m'en des services que je vous rends. C'est, en effet, si difficile, en allant à Compiègne pour les affaires de la maison, de passer chez les parents de votre petit mauvais sujet. Là, d'habitude, un bon verre de vin tout prêt, avec une croûte de pain, et quelque brimborion de viande, n'est-ce pas quelque chose de fort désagréable? Puis toujours des éloges et des remercîments sans fin à votre adresse; voilà encore qui me fait beaucoup de peine. Enfin, par-ci, par-là un jaunet, comme marque de leur satisfaction, c'est donc bien lourd à vous rapporter.

— Vous allez voir bientôt que vous seule m'aurez de l'obligation.

— Allons, allons, si vous voulez parler de moi, je serai forcée de vous rappeler que c'est vous qui, il y a bientôt dix ans, m'avez tirée de cette infernale ville de garnison, où, sans expérience comme j'étais, ça aurait fini par tourner mal pour moi.

— Quelle idée! C'est vous, au contraire, qui, ayant besoin de l'air de la campagne...

— C'est bon, c'est bon; je me comprends. Toujours est-il que c'est grâce à vous que je suis entrée chez le maire de Tracy-le-Val; un bon maître celui-là, quoiqu'il me reproche souvent d'être un bourreau de franchise... Mais assez causé comme ça. Je ne peux pas m'absenter longtemps; mon pot-au-feu n'est pas encore écumé, et, si le bouillon n'est pas bon, je serai forcée de dire pourquoi.

— Juste ciel! Moi qui compte sur votre discrétion!

— Ah! mais... avec moi faut que ça file droit... Voyons, de quoi s'agit-il?

— (*Tirant du bahut un paquet soigneusement enveloppé dans de grands journaux.*) Voici un paquet; eh bien, il faudrait le remettre au sacristain, ce matin, avant la messe.

— Tiens, si ce n'est que ça, à propos de quoi prendre par Paris, pour aller d'ici à Compiègne... C'est entendu, je ne fais qu'un saut jusqu'à l'église; je dirai tout bonnement que vous m'avez chargée...

— (*L'interrompant*). Mais non, mais non... Ah bien! vous feriez là un beau coup, et moi je ne risquerais rien... On ne doit pas se douter...

— Quel diable de méli-mélo me contez-vous là?

— Ceci est envoyé par une personne inconnue.

— Vous, inconnue ici! Vous êtes donc folle!

— Mais puisque cela ne doit pas venir de moi!

— Comment! Ce qui vient de vous, ne vient pas de vous! En voilà-t-il un écheveau de fil embrouillé?... Si c'était moi, je dirais clairement : « Voici ce dont il s'agit; les affaires sont comme ceci, ou bien comme cela; de sorte que, dans l'état actuel des choses, il arrive que... et voilà!... » Ah! mais... avec moi faut que ça file droit.

— Au nom du bon Dieu! faites comme je vous dis... je vois Monsieur qui nettoie sa bêche, pour se disposer à partir. Il n'y a pas un instant à perdre; sauvez-vous.

— En voilà une drôle de commission!... C'est égal, coûte que coûte, on va vous contenter..... Quelle singulière femme vous êtes! »

Justine prend le paquet, descend avec Germaine

l'escalier, tout en grommelant, et disparaît dans la rue.

Eh bien, lecteur, quand je vous disais qu'il y a quelque chose dans l'air... Mais poursuivons.

Une fois débarrassée de cette *amie terrible*, la servante alla au jardin rejoindre son maître. Elle lui présenta son tricorne, qu'elle avait eu soin de décrocher d'un clou du vestibule, secoua de la main la poussière de sa soutane, et lui fit remarquer que, neuf heures étant sonnées, il était temps de se rendre à l'église. Mais son empressement à le voir partir ne fut rien auprès de la précipitation du curé à sortir de chez lui. Une fois dehors, il tira sa montre d'argent, en marmottant entre ses dents : « C'est bon ; j'aurai encore le temps de dire ma messe avant qu'il n'arrive. »

Laissons-le s'acheminer, d'un air préoccupé, du côté de son antique basilique, et rentrons avec Germaine dans le cabinet du rez-de-chaussée. Là, Désiré, qui avait profité des moindres instants pour reprendre sa liberté, était méditativement assis devant la table, la tête appuyée sur la main. Mais, cette fois, je ne sais quel rayon de malice illuminait son regard tranquille. Alors Germaine, d'une voix qui voulait paraître sévère :

« — Eh bien, Monsieur, j'espère qu'on travaille, et, qu'au retour de votre maître, je pourrai lui rendre bon témoignage de votre zèle et de votre conduite. »

*(Silence de Désiré, qui baisse le nez d'un air confus et craintif.)*

Eh bien, vous ne répondez-pas?

*(Même silence de l'enfant.)*

Est-ce que?... Voyons donc. (*Elle prend son cahier.*) Quoi ! encore rien d'écrit !

(*Elle jette avec vivacité le cahier sur la table. Il s'en échappe une nuée de petits papiers, sur lesquels de précoces dispositions pour un dessin de haute fantaisie, et d'un réalisme fantastique, ont déposé des spécimens variés de l'armée la plus excentrique qui se puisse imaginer.*)

— Tu vois bien que si que j'ai écrit.

(*Il montre ses doigts tout barbouillés d'encre.*)

— *D'un air menaçant, en se croisant les mains sur la poitrine.*) Ah ! Monsieur ! Après toutes vos belles promesses !

— (*Avec soumission.*) Qu'est-ce que j'ai donc promis?

— Comment, ce que vous avez promis !... Vous ne vous rappelez pas qu'hier encore vous me disiez de votre ton patelin : « Sois tranquille, ma bonne Germaine... »

— (*Levant les yeux.*) J'ai dit « ma bonne Germaine? »

— Oui, Monsieur ; et vous avez ajouté ces propres mots : « Si tu ne me fais pas gronder aujourd'hui, je ne chercherai plus jamais à me distraire... » Eh bien...

— (*D'un air étonné.*) Eh bien ?

— Eh bien, quoi ?

— (*Avec calme.*) Si j'ai dit cela, pourquoi me faire les gros yeux ?

— (*S'animant de plus en plus.*) A-t-il du front ! Oh ! le petit mauvais sujet !

— (*Prenant de l'assurance.*) C'est ça ; va, ne te gêne pas. Puisque te voilà en train, appelle-moi aussi petit *faignant*, maudit vaurien... Ah ! mais... avec moi faut que ça file droit.

— (*S'arrêtant tout-à-coup dans son élan d'exaspération.*) Qu'est-ce que celà signifie ?

— (*Avec une maligne bonhomie.*) Tu ne comprends donc pas que, si je me suis engagé à ne plus me déranger, je n'ai pu te promettre qu'on ne me dérangerait point ?

— Ah ! c'est trop fort ! je voudrais bien savoir qui a pû vous déranger ce matin... à moins que ce ne soit moi.

— Eh bien, je te pardonne, parce que tu as dit la vérité... quoique tu m'aies tout de même joliment dérangé.

— Voyez pourtant si l'on n'avait pas de patience... Et quand donc vous ai-je dérangé, Monsieur le studieux.

— (*D'un air moqueur.*) Pas plus tard que tout à l'heure, Madame la *cachottière*.

— (*Avec inquiétude.*) Que veut-il dire ? Est-ce que par hasard...

— Oh ! ça, tu dis encore vrai, c'est bien par hasard que je me trouvais là.

— (*Avec impatience.*) Mais où enfin ?

— Dans ma chambre, donc.

— (*Avec stupéfaction.*) Dans sa chambre ! Ah ! le petit malheureux !... Et moi qui le croyais ici.

— Je m'en suis bien aperçu. (*Prenant l'air doctoral.*) Autrement tu n'aurais pas dit avec ta grosse Justine de certaines choses, et surtout des mots ! oh !... des mots!... C'est-il beau de parler ainsi aux oreilles d'un enfant?

— C'était bien la peine de tant me cacher!

— (*D'un ton de reproche.*) Vous aviez bien raison de vous cacher!... faire... ce que vous avez fait, fi! que c'est laid, Mademoiselle!

— (*Avec consternation.*) Tout est perdu! (*Se rapprochant de Désiré, et d'une voix caressante.*) Mon cher Désiré...

— (*D'un air sournois.*) Ma foi! Quand Monsieur le Curé verra que je n'ai pas fait mon devoir, il faudra lui dire toute la vérité.

— Mais avez-vous besoin d'aller lui corner aux oreilles que j'ai...

— (*L'interrompant.*) Comme il ne se douterait pas de quelque mystère... Oh! il est fin, Monsieur le Curé.

— (*Avec calinerie.*) Mon bon petit garçon, si vous étiez bien gentil...

— C'est ça, pour être privé de récréation à cause de toi; pas si bête!

— Peut-être auriez-vous encore le temps de finir votre devoir... allons, allons, un peu de courage.

— Ah! je t'en donne! Un thême sur le *que retranché*.

— Mais en vous y mettant tout de suite.

— Impossible! On le voit bien, tu ne sais pas ce que c'est que le *que retranché*. ... (*Comme mû par une inspiration soudaine.*) Une idée! peut-être y aurait-il encore un moyen de nous sauver tous deux.

— (*Avec empressement.*) Vraiment! et lequel?

— (*Ayant l'air de rêver à ce qu'il dit.*) Ce serait de..... (*Jetant à la dérobée un regard oblique sur un trousseau de clefs suspendu au cordon du tablier de Germaine.*) Mais non, il faudrait avoir la clef.

— Quelle clef? Est-ce que je ne les ai pas toutes sous ma garde?

— (*Montrant l'armoire vitrée.*) Vois-tu! C'est là dedans.

— Quoi donc?

— Eh bien, mon devoir... Tiens, dans ce livre. (*Lui indiquant le corrigé de thèmes.*)

— Et que ferez-vous donc?

— (*Du ton le plus naturel du monde*). Au lieu de chercher dans mon gros vilain dictionnaire, qui n'en finit pas, je prendrai ce tout petit livre, et mon devoir sera bien plus tôt fait.

— (*Avec hésitation.*) Mais est-ce permis?... Si Monsieur vous voyait toucher à ses ouvrages.

— Et s'il savait ce que tu as fait ce matin dans ta chambre, que tu as voulu forcer Thérèse à .....

— (*Lui mettant la main devant la bouche.*) Mais va-t-il se taire, le petit serpent? (*Ouvrant à regret la bibliothèque.*) Allons, prenez, et finissons en bien vite.

— (*Saisissant le livre avec la rapidité de l'éclair.*) Je le tiens donc enfin! (*Dans sa joie, il embrasse la vieille à tort et à travers.*) Ne crains rien; le temps seulement de copier quelques mots, et tout sera dit

— Dépêchez, que je remette tout en place, avant qu'on ne revienne... Le méchant enfant! Il obtient pourtant de moi tout ce qu'il veut. »

Désiré se met cette fois à l'œuvre avec un courage héroïque, pendant que Germaine retourne à sa cuisine, en répétant: « le mauvais garnement! »

## VII

### Une tempête dans un verre d'eau..... sacrée.

Tout est bien, qui finit bien.
*(Comédie de* SHAKSPEARE*)*.

Ah ! comme il hâterait le pas, l'honnête curé, s'il se doutait qu'un bourriquet paresseux patauge à cette heure dans la source sacrée à laquelle il se croit seul le droit de puiser de la science, pour ensuite en abreuver son indigne disciple! Mais non ; l'imprévoyant et trop confiant pédagogue *in partibus infidelium* a ses petites habitudes, et de plus un secret motif pour prolonger son absence.

Voilà pourquoi si, au moment où Désiré s'escrime de la plume devant le corrigé de thèmes, frappant d'estoc et de taille son noble adversaire, pour lui arracher une à une toutes les pièces de son armure, si, dis je, vous regardez tout droit devant vous dans la grande rue du village, vous apercevrez un noir fut de colonne, appuyé sur un double piédestal, et surmonté d'un chapiteau triangulaire. Cette apparence lointaine n'est autre chose que l'homme de Dieu, avec son chapeau et ses petites jambes.

Arrêté un instant devant la demeure de François le cantonnier, afin d'en savoir des nouvelles, il finit par entrer chez le pauvre malade, pour y laisser son brin de consultation, avec gros comme le doigt d'encouragement, et quelque menue monnaie oubliée par lui sur la table.

Au sortir de là, pendant qu'il cause avec l'instituteur communal, distinguez-vous la main qu'il tend à un gros bébé, dont la mère guide les pas empressés vers un morceau de sucre ou de chocolat?

Mais qu'aperçois-je?... je ne me trompe pas!... il entre!... il est entré!

Vous rappelez-vous, — pardon, lecteur, pour une involontaire recrudescence de souvenirs classiques, — vous rappelez-vous Charybde et Scylla, ces monstres femelles, qui s'apostaient des deux côtés de la voie publique appelée *fretum siculum*, et, tout en faisant mine de se regarder en chiens de faïence, s'entendaient comme larrons en foire, pour exploiter par un odieux chantage tout ce qui était assez malavisé pour s'aventurer dans ces dangereux parages, d'où la locution « tomber de Charybde en Scylla »? Eh bien, ces infâmes mégères avaient — le croiriez-vous? — une double succursale à l'entrée d'une rue transversale de Tracy-le-Val.

En d'autres termes, l'une des encoignures de celle-ci était occupée par un marchand de vins, qui avait eu l'heureuse idée d'adjoindre à son comptoir un café avec billard, une salle de restaurant avec cabinets, enfin tout ce qu'il avait jugé indispensable à un village fatalement voué au progrès.

Au coin d'en face s'étalait fièrement un épicier, moderne Pic de la Mirandole, tenant commerce de tout et de bien d'autres choses encore, sucre, poivre, miel, vinaigre, chandelle, salaisons, cierges de première communion, clouterie, poterie, mercerie, et jusqu'à des évangiles et des livres d'heures, l'utile et l'agréable, le sacré et le profane, la poésie et le réalisme, bref, la vie humaine en pots, en bocaux, en paquets, en tiroirs, dans du papier gris et sur des planches poudreuses.

Ces deux boutiques, qui se lorgnaient du coin de l'œil, en riant sous cape, ces deux boutiques, les seules qui eussent le droit de payer patente, ces deux boutiques enfin, l'honneur et la providence de Tracy-le-Val, s'étaient placées de telle façon que, pour peu qu'on se sentît quelques sous dans sa poche, on était inévitablement entraîné, soit vers l'une, soit vers l'autre.

C'était précisément pour se garer de l'une (inutile de dire laquelle), que notre bon ecclésiastique, dans l'école buissonnière qu'autorisait son jour de naissance, se trouvait porté vers l'autre par un irrésistible courant. Hélas! tous ses principes d'économie couraient grand risque de se briser et de sombrer dans un gouffre hérissé d'écueils. Avais-je tort, je vous le demande, de pousser un cri d'effroi?

Est-ce du moins avec une sage précaution qu'il va mettre en pratique chez l'épicier la théorie si controversée du libre échange? Ou bien lui faut-il convoquer le ban et l'arrière-ban de sa bourse, ce fief si modeste, pour faire main basse sur la place qu'il vient battre en brèche? C'est ce que je ne saurais apprécier de si loin. Seulement je puis constater qu'après avoir longuement parlementé avec l'ennemi, voici qu'il emmène avec lui un certain nombre de captifs, que leur état passablement piteux a fait prudemment envelopper d'épaisses couvertures, pour les dérober aux regards indiscrets.

Ainsi chargé de butin, notre conquérant en soutane s'est remis en route; et, s'il a l'air soucieux, le triomphateur, c'est sans doute parce qu'il songe à ce que sa victoire lui a coûté.

Pendant ce temps l'entreprenant Désiré se familiarise de plus en plus avec les appas nouveaux pour lui de la traduction. Il se permet, le petit scélérat, à l'égard de cette fille mal gardée, des privautés bien peu édifiantes.

Il est, Dieu merci, grand temps que cet excès d'audace reçoive son châtiment. Pourquoi donc notre curé s'amuse-t-il encore à bavarder avec le facteur qu'il a rencontré?... Une lettre lui est remise. Il l'ouvre... enfin le voici qui renonce à ses interminables zigzags. Il double même le pas; et tout essoufflé il arrive à sa porte.

Il est trop tard, magister imprudent! Tout est consommé. L'œuvre de violence est sans remède. De coupables désirs ont été assouvis dans des flots d'encre; et tremblante, les feuillets épars, souillée même d'un immonde pâté, la traduction du thème est allée cacher sa honte et son désordre au plus profond de la bibliothèque.

Détournons nos yeux de ce spectacle nâvrant, pour suivre dans la cuisine le curé et sa servante, et savoir au juste ce qui se passe :

« — Ah! monsieur le curé, que vous avez été long à revenir!

— J'avais à faire quelques courses et des emplettes.

— Et votre chocolat qui vous attend.

— Mon chocolat, (*tirant de sa poche une livre de chocolat enveloppé de papier*) je ne le trouverai plus assez bon, maintenant que je viens d'en acheter, qui doit être meilleur, car il coûte plus cher.

— (*Se mordant les lèvres.*) Dame, il y a du chocolat à tout prix.

— C'est drôle; l'épicier a pourtant prétendu... C'est que probablement il se sera trompé.

— Bien sûr.

— A propos, quel quantième sommes-nous donc aujourd'hui?

— (*D'un air indifférent.*) Vous savez bien que c'est le quinze mai.

— C'est pourtant vrai; je m'explique maintenant pourquoi une âme charitable a voulu que j'offrisse ce matin le saint sacrifice de la messe avec une aube toute neuve; c'est mon jour de naissance.

— (*Feignant l'étonnement.*) Bah!

— Mais la main inconnue qui l'a confectionnée, aurait bien dû n'y pas laisser une aiguille, à laquelle j'ai failli me piquer, en déployant ce superbe vêtement. Tenez, la voici fichée à ma soutane. (*Détachant l'aiguille.*) Une aiguille anglaise, je crois... C'est étonnant comme elle ressemble à celles que notre maire a achetées pour vous, à l'Exposition universelle.

— (*Surmontant un sentiment d'embarras.*) Comme si toutes les aiguilles ne se ressemblaient pas.

— Mais celle-ci a la tête dorée, et nulle part que dans votre étui on n'en trouve ici de pareilles.

— (*Faisant la sourde oreille, et allant de droite et de

*gauche d'un air affairé.*) Pendant que nous jabotons, votre chocolat refroidit, et je vais...

— (*La retenant, et prenant le ton de la sévérité.*) Germaine! Germaine! Laissez-là mon déjeuner... N'avez-vous rien à m'avouer, Germaine?

— (*Troublée.*) Mais en vérité, Monsieur le Curé...

— Oui, c'est la vérité que j'attends de vous... Regardez-moi en face, là, sans rougir.

— (*Balbutiant.*) Quoi! Monsieur, vous pourriez croire... Est-ce que vous savez...

— Oui, je sais tout, Mademoiselle. Je sais que, non contente de vous être imposée à moi, sans jamais vouloir de gages, non contente de m'avoir ainsi gratuitement, pendant près de quarante-huit ans, fatigué de soins, persécuté de bons services, torturé d'un dévouement à toute épreuve, vous avez encore cédé à la velléité diabolique de faire chez moi danser l'anse du panier... à mon profit. Fiez-vous donc à ces serviteurs soi-disant fidèles, qui ont le front de ne vous compter que vingt sous du chocolat qu'ils achètent vingt-huit. (*Sur un geste de Germaine*). Oui, osez contredire le témoignage du marchand, qui vient de me montrer ses factures.

Je sais encore que vous avez eu l'infernale pensée d'employer à me procurer des vêtements d'église neufs les modestes profits accordés à votre sollicitude pour mon élève. (*Sur un nouveau geste*). Justine, votre complice, a eu la franchise de me tout avouer... Vous le voyez, je sais tout, et vous voilà confondue!

Ainsi, malheureuse fille, digne suppôt de Belzébuth, vous vouliez me rendre un monstre de sensualité et de vanité. Ce Monsieur le Curé, il fallait lui bourrer l'estomac de chatteries, au lieu de lui servir la bonne et saine soupe aux choux; il fallait le revêtir d'ornements dignes d'un évêque, au lieu de lui laisser sa vénérable aube en loques. Juste ciel! si la Providence n'avait pas pris à tâche de me désiller les yeux de son propre doigt, Mademoiselle Germaine aurait fait du pauvre curé de Tracy-le-Val un Lucullus et un Dameret. Oh! mon Dieu, je te rends grâce de m'avoir retenu sur le bord de l'abîme. La gourmandise! L'orgueil! Deux péchés mortels!...

Allons, plus d'hésitation; il faut prendre un parti; mon salut en dépend. (*Avec la voix sépulcrale de l'exécuteur des hautes œuvres*). Ecoutez votre condamnation, que le ciel prononce par ma bouche : » Mademoiselle Germaine, vous n'êtes plus à mon service. »

(*Exclamation douloureuse de la servante*).

Tenez, voici l'arrêt définitif et sans appel qui vous notifie cette décision ; prêtez l'oreille, et humiliez-vous sous la main du Tout-Puissant.

(*Il tire de sa poche, et lit à haute voix le pli qui vient de lui être remis par le facteur, et dans lequel on l'informe que l'Académie française a décerné à la demoiselle Germaine Prieur un des prix Monthyon, avec une petite pension viagère; puis il reprend avec douceur*).

Vous comprenez qu'après cette haute protection des juges éclairés qui sont l'honneur de la France, il ne vous est plus permis de rester la domestique d'un obscur ministre de Dieu. (*Lui prenant affectueusement la main*). Vous ne pouvez désormais être que son amie, son ange terrestre; et, quand on me verra, moi, débile septuagénaire, soutenir de mon bras tremblant vos quatre-vingt-sept ans, je pourrai dire avec une pieuse fierté : « Voilà comme les bons serviteurs font les bons maîtres... » A présent, je vais me servir moi-même ma tasse de chocolat. »

Il s'approche du fourneau, pendant que Germaine s'agenouille, interdite et les larmes aux yeux, pour remercier Dieu.

Il fallut qu'on lui expliquât, en déjeunant, ce que c'était que le prix Monthyon. Eh bien, malgré tout, l'ex-servante en est encore à comprendre qu'il y ait du mérite dans l'accomplissement de son devoir et dans l'attachement à ses maîtres.

# ÉPILOGUE

## A L'USAGE DU LECTEUR SEUL

---

## VIII

### La course aux clochers.

> Dig. din, don.
> BÉRANGER (*le Carillonneur*).

« Qui n'entend qu'une cloche, n'entend qu'un son. » Ce dicton, qui me trottait dans l'esprit au moment où, sous le titre de *Familia*, je songeais à réunir quelques souvenirs épars, m'a fourni le plan dont je viens d'achever l'exécution.

Puis, une fois mon œuvre arrivée cahincaha à sa fin, je me suis demandé si entendre plusieurs cloches, partant plusieurs sons, ne vous laissait pas, au demeurant, fort indécis sur celui qui était préférable. Le moyen, en pareil cas, de ne pas se mettre, quoi qu'on en ait, à la place de l'âne de Buridan, si embarrassé entre son seau d'eau et son picotin d'avoine.

Or, comme j'ai la détestable manie de vouloir à toute force aller au fond des choses, j'en vins à chercher quelque combinaison harmonique, qui, par un heureux accord de plusieurs sons en une même cloche, pût satisfaire l'oreille du mélomane le plus exigeant. Pour cela, le plus simple n'était-il pas de s'adresser directement aux maîtres sonneurs les plus accrédités de la capitale, pour essayer, avec leur agrément, quelques expériences sur les instruments confiés à leurs soins? C'est ce que je fis; et je me plais à rendre ici hautement témoignage à la bonne grâce avec laquelle ces messieurs, bien que me voyant avec regret me fourvoyer dans une impasse, mirent tous leurs sonneries respectives à ma disposition, pour m'aider dans la rechérche de mon fameux criterium.

Un d'entr'eux s'offrit même à m'accompagner chez ses confrères. La proposition était trop obligeante pour ne pas être acceptée. Nous nous mîmes donc en tournée de sonorité, et voici quelques détails sur notre enquête :

C'était, en vérité, un brave garçon que mon guide, homme de sens, principalement à jeun, en même temps homme de cœur, ce qui ne gâte rien, mais, avant tout, homme pratique, quoique philosophe. En fait de cloches, il connaissait son monde aussi bien que Quasimodo. Jugez-en par quelques conversations que nous eûmes ensemble dans nos pérégrinations aériennes :

« Voyez-vous la mijaurée qui est là-bas (il me désignait du doigt une cloche à carillon d'un galbe élégant, svelte, aux formes élancées, qui se cambrait coquettement sur les hanches, en haut de Notre-Dame-de-Lorette). Elle est vive, alerte, quelque peu égrillarde. Ça n'aspire qu'aux dimanches et aux fêtes carillonnées. Alors on la voit s'agiter, se trémousser avec une gaîté folle ; on l'entend fatiguer les airs de ses joyeux refrains. Mais, les autres jours, serviteur, il n'y a plus à compter sur elle. Silencieuse dans son coin, on n'en saurait quasi rien tirer.

« Quant à sa camarade, qui vous a l'air d'une grosse douairière, c'est autre chose : pour qu'elle soit d'un bon service, il faut de l'argent, beaucoup d'argent dans l'alliage dont elle est formée. Heureusement pour elle que dans le quartier où elle se trouve, on n'y regarde pas de trop près.

« Cette sournoise, qu'en dites-vous? (nous étions, cette fois, en face du bourdon de la cathédrale. A l'aide d'un puissant mécanisme, il parvint à mettre en mouvement le battant de la monstrueuse commère, qui, en se heurtant lourdement sur ses flancs, en tira de formidables mugissements, Boum !... Boum !... Boum !)

— Qu'entends-je? bon Dieu ! m'écriai-je en me bouchant les oreilles. De grâce ! épargnez-moi cette voix lamentable.

— Ah ! dame, toute en Dieu, et accoutumée à ne se repaître que de sombres pensées, de funèbres spectacles, elle est d'un abord peu sympathique aux gens ; sa voix tonne comme celle de Jérémie, d'Ezéchiel ou de feu Joseph de Maistre ; elle n'aime qu'à sonner le glas des funérailes, qu'à annoncer la dernière heure des suppliciés.

« En voilà une à sa droite dont l'extérieur rude et grossier ne prévient guère non plus en sa faveur ;

c'est pourtant un excellent sujet, toujours grave, juste, mesuré, irréprochable dans son langage, toujours fidèle au rhythme qui lui est imposé. Pourquoi faut-il que l'espèce en soit devenue si rare? »

Dans notre visite à Saint-Thomas-d'Aquin et à la Madeleine, rendez-vous de l'ancienne et de la nouvelle noblesse, mon *fidus Achates* me fit remarquer, avec une profondeur d'observation qui me frappa, combien certaines cloches savent prendre les habitudes et les manières des quartiers qu'elles habitent. En effet, au fond de leurs somptueuses demeures, celles de ces deux églises ne daignent jamais mettre le nez à la fenêtre; elles rougiraient de causer avec les cloches bourgeoises de Saint-Roch. Tout ce qu'on peut obtenir d'elles, c'est qu'elles échangent cérémonieusement de loin quelques paroles, soit avec leurs aristocratiques voisines de Sainte-Clotilde, soit avec celles de Saint-Philippe-du-Roule; ce qui n'arrive même que les jours de grandes fêtes; et encore faut-il pour cela la croix et la bannière.

Ces propos, et d'autres que j'épargne au lecteur, tout en m'intéressant vivement, n'empêchaient pas ma lassitude d'être grande, et mon incertidude plus grande encore. Mon compagnon, qui s'en douta, me dit :

« Croyez-en ma vieille expérience, nous ferions tous les clochers de France et de Navarre, que nous nous casserions toujours le nez contre cette vérité : autant de cloches, autant de sons :

« La voix timide et pure de l'une vous charme, et l'on se laisse facilement gagner par la douceur de ses accents, tandis qu'on redoute le ton bref et sec de l'autre, qui tinte impérativement aux oreilles.

« Celle-ci, d'humeur quinteuse et fantasque, débute par du miel, faisant, comme on dit, balai neuf, pour prendre, au bout de quelques jours, une voix aigre et maussade, sans que rien puisse motiver une aussi brusque dissonance.

« Quelques-unes sont d'une lenteur désespérante à se mettre à l'œuvre; d'autres entrent en branle comme des énergumènes, aussitôt qu'on y touche.

« Il en est aussi de répondeuses, de revêches, d'indomptables, quelques précautions qu'on prenne pour les mettre d'accord avec d'autres. De tels sujets nous offrent bien peu de ressources. Encore moins, les cloches fêlées, dont on ne se sert que quand on n'en a pas d'autres à sa disposition.

« Bref, quoiqu'on en recontre encore d'excellentes dans leur spécialité, surtout aux quartiers de la bourgeoisie, où, suivant Mgr Dupanloup, elles respirent un air sain et fortifiant, dans une atmosphère de travail, d'honnêteté, de confiance, j'en reviens à ce que je vous disais tout d'abord : c'est s'acharner à la poursuite d'une chimère, que de vouloir en trouver une parfaite en tous points »

Sur ce, il mettait la main à son chapeau, pour me saluer, et je m'apprêtais à me confondre en remercîments, quand l'envie me prit de lui adresser cette dernière question : « Mais d'où vient donc que, de votre propre aveu, les mauvaises sont aujourd'hui en si grand nombre? »

Mon homme me regarda en face avec une certaine défiance. Mais voyant à mon visage que j'étais de bonne foi en l'interrogeant ainsi, il me répondit :

« Demandez-le, Monsieur, aux révolutions et aux catastrophes sociales, qui ne valent rien pour les sujets dont il est question. Vous concevez qu'on n'est pas depuis plus de vingt ans dans la sonnerie, sans avoir entendu parler des cloches qui donnèrent le signal des Vêpres Siciliennes et de la Saint-Barthélemy. Eh bien, m'est avis que celles d'entr'elles qui se trouvèrent compromises dans ces belles équipées, ne devaient guère plus tard être en odeur de sainteté.

« Mais, sans remonter jusque là, parlons de ce qui nous touche de plus près. Croyez-vous qu'il faille compter au nombre des services rendus à la France par le glorieux 89 le décret du 25 juin 1791, qui fit changer en gros sous tant de belles et bonnes cloches. Non; l'ardente fournaise, en les anéantissant, a fait perdre le secret de l'heureuse composition métallique qui les rendait si recommandables. On ne fond plus maintenant d'après les anciens principes.

« On pourrait encore citer des exemples plus récents de l'influence exercée sur les cloches par les crises sociales. Mais à quoi bon réveiller le chat qui dort? D'ailleurs, pour être juste et véridique, là ne sont pas toutes les causes du mal. »

Après un instant d'hésitation, il reprit en baissant la voix :

« Dieu me garde de dénigrer aucun de mes confrères, puisqu'on dit que les loups ne se mangent pas entr'eux. Mais, si nos cloches nous mettent souvent à de rudes épreuves, n'est-ce pas quelquefois par notre faute, à nous, maîtres sonneurs.

— Bah! Est-ce possible?

— Rien de plus réel. Nous en connaissons qui, faute de tact et de délicatesse, tourmentent leurs cloches à tout propos, que ça fait pitié; messes, baptêmes, mariages, convois, et ceci, et cela; c'est sans fin. N'est-ce pas là, je vous le demande, une exploitation déplorable autant que mal calculée; car, au bout du compte, mettre ainsi ses gens sur les dents, c'est les user, c'est se priver plus tôt de leurs services.

« D'autres ont de la dureté, de l'inégalité dans le coup de main ; il n'en faut pas davantage pour ahurir une pauvre cloche, ou l'exaspérer et la mettre hors des gonds.

« Je ne parle pas de ceux qui, soit insouciance, soit nonchalance, laissent les cloches se rouiller dans l'inaction, et contracter des habitudes de fainéantise. Tant pis pour eux, si, en cas d'absolue nécessité, ils ne trouvent plus chez elles que du mauvais vouloir.

« Faut-il aussi, par fierté, ne leur jamais adresser la parole, ne pas les encourager, ou ne leur tenir que des propos blessants? Rien de plus propre à leur aigrir le caractère, à leur inspirer ces sourdes hostilités dont on se plaint. Car enfin chacun à son amour propre ici bas, et surtout les cloches.

« Enfin, à vous dire franchement ce que je crois la vérité, je plains de toute mon âme les malheureuses chez qui des infirmités, les intempéries de l'air auxquelles elles sont, plus que d'autres, exposées, ou même l'âge, ont altéré les qualités premières. On n'est hélas! que trop souvent impitoyable à leur égard.

« Mais, en jacassant ici comme une pie, je ne m'aperçois pas que j'ajoute encore à votre fatigue; vous ne pouvez plus ouvrir la bouche.

— Vous vous méprenez, digne cicérone, sur le motif de mon silence. Je réfléchis seulement à ce que j'entends, et serais curieux de connaître un remède à tout ce mal.

— C'est à vous, Monsieur, qui aimez tant les problèmes difficiles, à vous exercer sur celui-ci. Foi de Jacquemart! je souhaite de tout mon cœur vous en voir venir à bout. Mais il se fait tard; je remonte à mon clocher sonner la prière du soir; il faut demander au bon Dieu de ne pas nous abandonner dans les ténèbres de la nuit qui arrive. »

Après l'avoir quitté, je revins chez moi tout pensif, et fort découragé de l'inutilité de mes recherches : Je le vois bien, me disais-je en chemin, tant pis pour les gens qui, avec l'oreille difficile, sont forcés d'avoir des cloches; il leur faut tirer à une loterie, où le bon lot n'échoît qu'à des mains heureuses.

Cette réflexion me remit en mémoire un passage du bon Lafontaine, non pas celui où c'est un âne qui s'écrie :

> Notre ennemi, c'est notre maître.

mais ces deux vers si connus :

> De celui-ci contentez-vous,
> De peur d'en rencontrer un pire.

Toutefois, n'étant pas sûr que ce parti soit encore le meilleur, si je suis jamais consulté sur ce point délicat autant qu'important, je ne sais trop si je ne répondrai pas comme le circonspect Brid'oison : « Ma-a foi, pour moi, je ne sais que vous dire; voilà ma-a façon de penser. »

— Mais, éternel bavard, avant de m'endormir tout à fait, je serais fort aise d'apprendre pourquoi vous me parlez ici de cloches, à propos de Mademoiselle Françoise et de Mademoiselle Germaine.

— Cher lecteur, avez-vous des oreilles?

— Encore un coq-à-l'âne, je parie.

— Répondez toujours.

— Certainement j'ai des oreilles comme tout le monde.

— Mais de bonnes ?

— D'excellentes.

— Il suffit : à bon entendeur salut.

— Voilà tout?

— Oui.

— C'est raide!

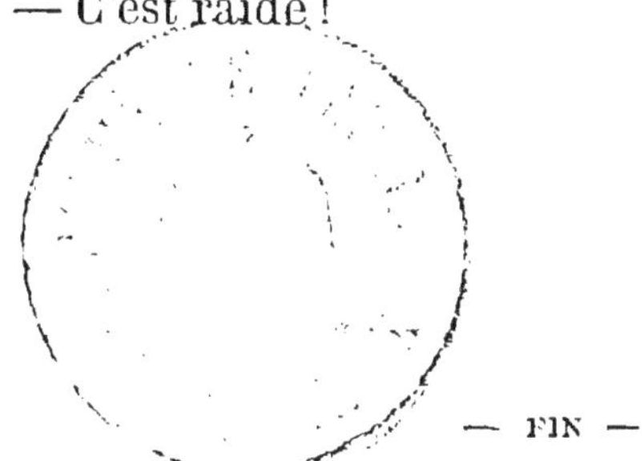

— FIN —

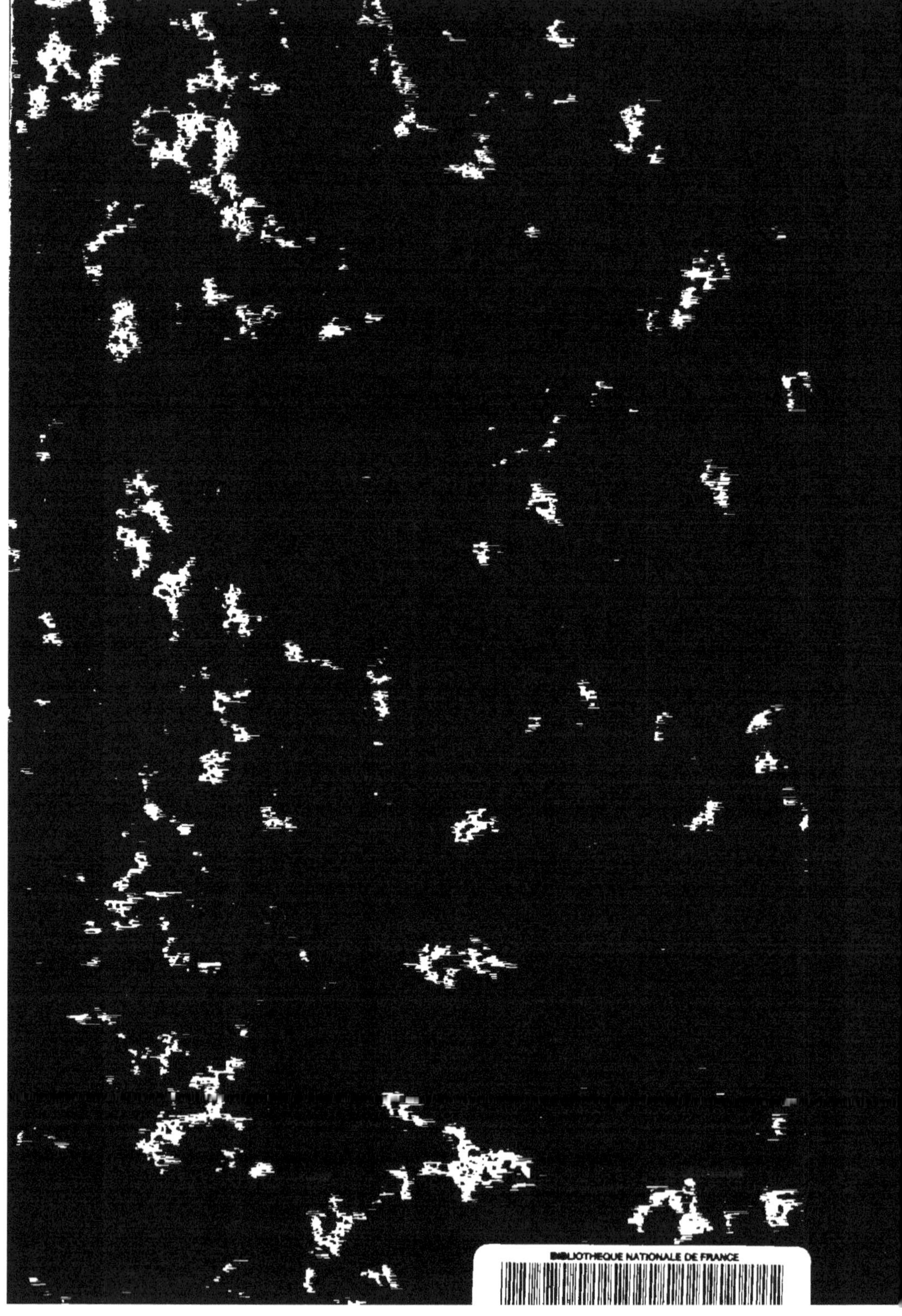

www.ingramcontent.com/pod-product-compliance
Ingram Content Group UK Ltd.
Pitfield, Milton Keynes, MK11 3LW, UK
UKHW021051200726
13857UKWH00003B/889